Gerhard Dragschitz

Mehr is' mehr.

stv

Titelbild, Fotos Umschlagrückseite und alle übrigen Fotos:
Katharina Kovacs

Bibliografische Information der Deutschen Nationalbibliothek:
Die Deutsche Nationalbibliothek verzeichnet diese Publikation in der Deutschen Nationalbibliographie; detaillierte bibliographische Daten sind im Internet über http://dnb.d-nb.de abrufbar.

Hinweis:
Dieses Buch wurde auf chlorfrei gebleichtem Papier gedruckt. Die zum Schutz vor Verschmutzung verwendete Einschweißfolie ist aus Polyethylen chlor- und schwefelfrei hergestellt. Diese umweltfreundliche Folie verhält sich grundwasserneutral, ist voll recyclingfähig und verbrennt in Müllverbrennungsanlagen völlig ungiftig.

Auf Wunsch senden wir Ihnen gerne kostenlos unser Verlagsverzeichnis zu:

Leopold Stocker Verlag GmbH
Hofgasse 5
Postfach 438
A-8011 Graz
Tel.: +43 (0)316/82 16 36
Fax: +43 (0)316/83 56 12
E-Mail: stocker-verlag@stocker-verlag.com
www.stocker-verlag.com

ISBN 978-3-7020-2083-5

Konzept: Gerhard Dragschitz, Katharina Kovacs
www.motioncooking.com

Umschlaggestaltung, Layout und Repro: Christoph Winkler
www.obendrein.at

Fotografie: Katharina Kovacs
www.katharina-kovacs.at

MEHR is' mehr.

Gerhard Dragschitz

REZEPTE AUS ALLER WELT
OHNE RÜCKSICHT AUF VERLUSTE

Leopold Stocker Verlag
Graz – Stuttgart

Zur Übersicht

Zum Überlebn

Zum Driwastrahn

Zum Einelegn

Zum Owekumman

Zum Aufstehn

Zum Ausgleich

Zum Verständnis

VORWORT

Servus & Moihzeit!

Mein Name ist Gerhard und Essen war immer schon meine große Leidenschaft. Mit knapp zwei Metern Körpergröße bin ich mittlerweile alles andere als klein, meine kulinarische Reise begann jedoch sehr früh.

Aufgewachsen im nördlichsten und flachsten Teil des Burgenlandes, wo sich Fuchs und Hase „Gute Nacht" sagen, schaute ich meiner Mutter und meiner Oma begeistert bei der Zubereitung meiner etlichen Leibgerichte zu und schwang auch schon sehr bald selbst den Kochlöffel.

Unter der Brand Motion Cooking koche, backe und koste ich mich seit dem Jahr 2015 durch unterschiedlichste Gerichte aus verschiedenen Ländern, die ich dann mit meiner mittlerweile doch recht ansehnlichen Community teile. Motion Cooking steht für meine ausgeprägte Liebe zu richtig gutem Essen, verschiedenste kulinarische Geistesblitze und einen regen Austausch mit Gleichgesinnten.

„Mehr is' mehr" ist mein erstes Kochbuch und es handelt von dem unbezahlbaren Wert erstklassiger Zutaten, dem Erlernen von ein wenig Geduld und natürlich der puren Lust am Essen. Darin enthalten: Auf Herz und Nieren geprüfte und ausgeklügelte Variationen etlicher rund um den Globus beliebter Spezialitäten, die es seit vielen Jahren immer wieder auf meinen Speiseplan schaffen. Gerichte, die ich im Rahmen meiner vielen Reisen kennen- und lieben gelernt habe. Dabei möchte ich zu keinem Zeitpunkt auch nur den Hauch eines Gedankens an unnötige Banalitäten wie eine schlanke Linie oder ähnlichen Firlefanz verschwenden. „Mehr is' mehr" macht nicht schöner, schlauer oder reicher, bei richtiger Anwendung aber durchaus glücklicher.

Gerhard

VIE
HR

Unser täglich Brot gib uns heute

Ich bin mit Sicherheit alles andere als ein Vorzeige-Katholik, gehe mit der Kirche aber in einem Punkt schon immer d'accord: Unser täglich Brot gib uns heute – egal ob einfach nur mit Butter und Schnittlauch, in Form von fancy Grilled Cheese oder verpackt als umwerfende Sandwiches aus aller Welt – Brot gehört zum Leben und selbiges gilt für Burger Buns & Co. Richtig gute Alltagsküche steht und fällt für mich mit dieser Basis. Seit jeher. Bei dieser Einstellung ist es auch nicht weiter verwunderlich, dass ich bereits seit Kindheitstagen eine sehr konkrete Vorstellung davon habe, wie mein Brot genau auszusehen und zu schmecken hat: Innen schön weich und luftig, mit einer wunderbar knusprigen Kruste. So, aber nur so muss es sein.

ZUM ÜBERLEBN

Sauerteigbrot

Auf meiner Suche nach dem perfekten Sauerteigbrot hat sich nach unzähligen Versuchen ein Grundrezept herauskristallisiert. Es leistet mir schon seit vielen Jahren fabelhafte Dienste und garantiert aufgrund des hohen Weizenanteils stets ein sehr luftiges und fluffiges Ergebnis. Die einzelnen Mehlanteile lassen sich ohne Weiteres variieren. Erlaubt ist, was schmeckt – dieses Sauerteigbrot gelingt sowieso.

Gesamtzeit	**Davon aktiv**	**Ergibt**
ca. 19 Stunden	45 Minuten	1 Laib Brot (à ca. 700 g)

Zutaten

Vorteig:

- 20 g Sauerteig (s. ab S. 14)
- 40 g Weizenmehl
- 40 g Wasser

Hauptteig:

- 310 g Weizenmehl, Universal
- 20 g Weizenvollkornmehl
- 30 g Roggenmehl
- 225 ml Wasser
- 9 g Salz

- etwas Öl (zum Einfetten der Form)
- Vollkornmehl oder Reismehl zum Bemehlen des Gärkörbchens

Zubereitung

1. Für den Vorteig alle zugehörigen Zutaten in einem Glas verrühren und 4–6 Stunden im geschlossenen Backofen gehen lassen. Der Vorteig ist einsatzbereit, sobald sich sein Volumen verdoppelt hat.
2. Für den Hauptteig alle zugehörigen Zutaten 1–2 Minuten kurz und grob mit dem Knethaken der Küchenmaschine verkneten – der Teig darf bzw. soll sogar etwas klumpig sein. Mit einem feuchten Tuch abdecken, damit der Teig nicht austrocknet.
3. 30–60 Minuten ruhen lassen.
4. Für den Brotteig den Vor- und den Hauptteig 4–5 Minuten bei mittlerer Geschwindigkeit kneten, Salz hinzufügen und weitere 4–5 Minuten glatt kneten. Darauf achten, dass der Teig nicht wärmer wird als 28 °C – zur Kontrolle empfiehlt sich ein Stech- oder Infrarotthermometer.
5. Den Teig in eine leicht eingeölte Schüssel geben und das erste Mal falten (s. 1 × 1 des Sauerteigs auf S. 21). Dafür fasst man diesen mit einer leicht angefeuchteten Hand am oberen Rand an, zieht ihn vorsichtig, aber zügig in die Höhe und klappt ihn dann mittig über den Teig. Dasselbe macht man nun vom unteren Rand und dann von links und zuletzt von rechts. Die Schüssel mit einem Deckel verschließen und den Teig 45 Minuten rasten lassen.
6. Diesen Vorgang drei- bis viermal wiederholen – der Teig darf dazwischen immer wieder 45 Minuten rasten.

→

Sauerteigbrot

Bisserl viel auf einmal?
Auf www.motioncooking.com finden sich jede Menge weiterführender Infos zum Thema Sauerteig!

7. Den Teig nach der letzten 45-Minuten-Pause leicht bemehlen, auf die Arbeitsfläche stürzen und wieder von außen nach innen falten. Danach zügig mit einer Teigkarte umdrehen.
8. Die Schüssel über den Teig legen und so weitere 30–45 Minuten rasten lassen.

Nun wird der Laib geformt:

9. Den Teig ganz leicht bemehlen. Dabei auch etwas Mehl um ihn herum streuen und zügig mit der Teigkarte unter den Teig schieben. So lässt er sich wunderbar einfach von der Arbeitsfläche lösen.
10. Die Teigkugel zügig wenden und den Teig ein letztes Mal von außen nach innen falten. Danach gleich umdrehen – die Saum-Seite schaut jetzt nach unten.
11. Den Teig mithilfe der Teigkarte zu einer schönen runden Kugel formen.
12. Ein Gärkörbchen ordentlich mit Vollkorn- oder Reismehl bemehlen und den Teig vorsichtig mit der Saum-Seite nach oben hineinlegen.
13. Mit etwas Vollkorn- oder Reismehl bemehlen und eine Duschhaube über das Körbchen stülpen.
14. 12–16 Stunden bei 4–5 °C im Kühlschrank reifen lassen.
15. Den Backofen am Backtag auf 250 °C Ober- und Unterhitze vorheizen und den Gusseisentopf samt Deckel 30–45 Minuten vorheizen.
16. Sobald der Backofen inklusive Gusseisentopf und Deckel vorgeheizt sind, wird das Gärkörbchen aus dem Kühlschrank genommen.
17. Einen Bogen Backpapier rund oder oval zuschneiden – am besten so, dass der Brotteig gut Platz darauf hat und sowohl auf der linken als auch der rechten Seite eine abstehende Lasche aus Backpapier aufweist, die rechts und links über den Topfrand hinausragt. So lässt sich der Teig einfacher an- und aus dem Topf auf das Backpapier heben.
18. Den Teig dann aus dem Gärkörbchen auf das Backpapier stürzen und den Teig mit einer Rasierklinge oder einem scharfen Messer leicht der Länge nach einschneiden. Das sieht am Ende schöner aus und kontrolliert auch, wo das Brot beim Backen aufspringt.

19. Den Topf aus dem Ofen nehmen und den Deckel entfernen. Achtung, heiß!
20. Den Teig an den Backpapier-Laschen in den Topf heben – Deckel drauf und 20 Minuten backen.
21. Den Deckel entfernen und weitere 15–20 Minuten bzw. goldbraun backen. Einserschüler nehmen den Topf zuerst aus dem Ofen, heben das Brot aus der Form und backen es bei 200 °C Heißluft bzw. 220 °C Ober- und Unterhitze auf dem Rost fertig – das sorgt für eine gleichmäßigere Bräunung!
22. Das fertige Sauerteigbrot in ein Geschirrtuch wickeln und 2 Stunden auf einem Gitter auskühlen lassen.

Das 1×1 des Sauerteigs

Sauer macht lustig: Eine Hommage an das beste Triebmittel der Welt!

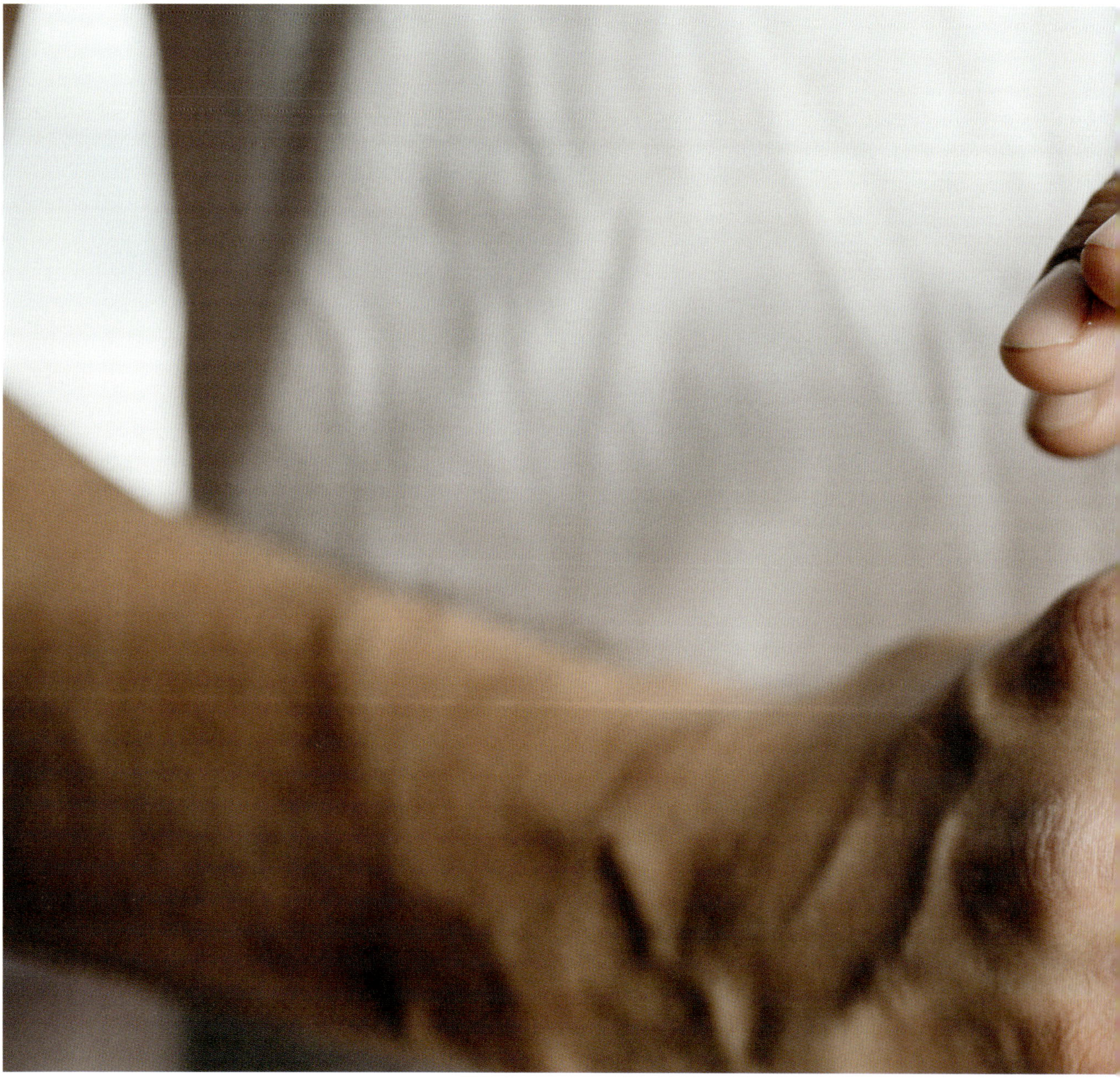

Vielseitiger Alleskönner

Weil Brot hausgemacht einfach am besten schmeckt und ich stets versuche, so wenig Lebensmittel wie möglich zu verschwenden und dabei möglichst viel Geschmack aus ihnen herauszuholen, backe ich mein Brot am liebsten mit Sauerteig. Dieser lässt sich vollständig verwerten und begleitet einen bei artgerechter Haltung im besten Fall ein Leben lang. Sauerteig fungiert außerdem nicht nur als nachhaltiges Triebmittel, sondern ist auch leichter verdaulich als Germ und sorgt für jede Menge komplexer Aromen und den gewünschten Brotgeschmack.

→

Das 1×1 des Sauerteigs

SAUERTEIG SELBST HERSTELLEN

Ich stelle Sauerteig am liebsten mit Roggenmehl her. Dieses gibt es überall zu kaufen und man kann sich bereits nach 4–6 Tagen über aktiven Sauerteig freuen. Aus diesem Roggensauerteig lässt sich dann in weiterer Folge jeder beliebige andere Sauerteig züchten.

Den Sauerteig kann man sich als Äquivalent zu einem Würfel Germ vorstellen. Dabei handelt es sich um einen eigens gezogenen Sauerteig, den es regelmäßig zu füttern gilt. Schließlich soll er möglichst groß und stark werden. Zur Herstellung des ersten selbst angesetzten Sauerteigs braucht es zunächst Wasser, Mehl und Wärme, einen passenden Behälter und Zeit.

Für hausgemachten Sauerteig benötigt man zuerst ein Glas. Ich verwende dafür am liebsten Rexgläser mit einem Fassungsvermögen von 580 ml, und zwar deshalb, weil sie keinen Hals und eine weite Öffnung haben, wodurch sich der Sauerteig wesentlich einfacher handhaben lässt. Den Dichtungsring lasse ich dafür einfach weg, denn es soll nicht luftdicht verschlossen werden. Ein Marmeladenglas tut es natürlich auch. Den Deckel einfach nur oben drauflegen. Außerdem benötigt man Roggenmehl und Leitungswasser. Wasser und Mehl werden im Glas verrührt, bei Zimmertemperatur kommt es dann zur Milchsäuregärung. Der typisch saure Duft entsteht und es bildet sich Kohlenstoffdioxid, welches für die Blasen im Teig und damit für ein luftig-lockeres Ergebnis sorgt.

Der Sauerteig sollte stets bei gleichbleibender Temperatur (Raumtemperatur) reifen. Das klappt wunderbar im ausgeschalteten Backofen.

1. Tag:

50 g Roggenmehl und 50 g lauwarmes Wasser (= 100 g) im Glas verrühren. Deckel drauf und 24 Stunden bei Raumtemperatur arbeiten lassen.

2. Tag

Am darauffolgenden Tag hat der Sauerteig vermutlich bereits ordentlich Blasen geworfen. 50 g aus dem Glas nehmen und entweder anderweitig verarbeiten (z. B. für Pancake- oder Waffelteig) oder notfalls einfach wegwerfen. Mir persönlich ist die erste Variante natürlich wesentlich sympathischer – aus mehreren Gründen. Der übrige Sauerteig (50 g) wird nun direkt im selben Glas mit weiteren 50 g Roggenmehl und 50 g Wasser glatt gerührt (50 + 50 + 50 = 150 g) und darf dann nochmals 24 Stunden arbeiten.

3.–6. Tag

Am 3. Tag werden 100 g aus dem Glas entnommen (150 – 100 = 50 g). Der Rest wird wieder mit 50 g Roggenmehl und 50 g Wasser glatt gerührt (50 + 50 + 50 = 150). Bis zum 5. Tag wird gleich vorgegangen, sodass am 6. Tag 150 g fertig gereifter, zum Backen bereiter Sauerteig im Glas sind. Davon wird nun die für das Rezept benötigte Menge entnommen.

Der Ableger des Sauerteigs:

Damit fürs nächste Mal Backen wieder Sauerteig vorhanden ist, werden vom verbliebenen Sauerteigrest im Glas 3 g (ja, so wenig!) entnommen, mit 30 g Roggenmehl und 30 g Wasser verrührt und der Sauerteig darf arbeiten. Wird er bei Zimmertemperatur stehen gelassen, wird dieser Schritt täglich wiederholt bzw. wird der Sauerteig gleich am nächsten Tag fürs Brotbacken verwendet. Im Kühlschrank gelagert kommt er bis zu 10 Tage ohne „füttern“ aus.

→

Das 1 × 1 des Sauerteigs

Sauerteig will gehegt und gepflegt werden – wie ein Haustier. Deshalb schlage ich auch immer vor, ihm direkt einen Namen zu verpassen. Habe ich auch gemacht. Darf ich vorstellen: mein Sauer-Peda. Er gehört mittlerweile seit drei Jahren zur Familie und ich backe damit immer samstags. Zwecks Übersicht, hier mein Wochenablauf:

MONTAG

Der Sauerteig rastet im Kühlschrank. So viel Zeit muss sein. Generell gilt beim Sauerteig: Nur net hudeln und unbedingt Geduld bewahren.

DIENSTAG

Er rastet immer noch. Und rastet und rastet … schließlich hat er einiges zu verdauen. Bei Kälte (also im Kühlschrank) geht das etwas langsamer vonstatten.

MITTWOCH

Immer noch am Rasten. Unser Sauerteig ist halt einer von der gmiadlichen Sorte. Schließlich wollen wir nur einmal die Woche backen.

DONNERSTAG

Ich nehme den Sauerteig nachmittags aus dem Kühlschrank, füttere ihn wie jede Woche bei Zimmertemperatur und lass' ihn bis zum Morgen danach kräftig werden.

FREITAG

Ich bereite mit dem frisch aufgegangenen Sauerteig meinen Vorteig und dann den Hauptteig zu, füttere den restlichen Sauerteig und stell' ihn bis zur nächsten Woche in den Kühlschrank.

SAMSTAG

Ich stehe frühmorgens auf und beginne dann direkt damit, mein Brot zu backen. Mein Sauer-Peda rastet weiter im Kühlschrank. Eh kloa.

SONNTAG

Er rastet im Kühlschrank. Sonntag ist schließlich Ruhetag. Wir genießen derweil unser Brot. Dank geht raus an meinen Sauer-Peda!

WOCHENABLAUF

Das 1×1 des Sauerteigs

Der Vorteig – Ableger des Sauerteigs

Gleich vorab: Die heilige Dreifaltigkeit des Brotbackens – Geduld, Sauberkeit, Sorgfalt. Die dabei entstehenden Säuren und das Kohlenstoffdioxid kräftigen den Sauerteig bei regelmäßiger Fütterung und machen ihn ready für den Vorteig. Der Sauerteig ist dann kräftig genug, wenn er viele Blasen wirft und angenehm säuerlich, mild und vielleicht sogar etwas fruchtig – eventuell nach Apfel – riecht. Dann wird er mit Wasser und Mehl zum Vorteig angesetzt und darf dann 4–6 Stunden bei 28 °C reifen und sich entfalten, was für den typischen Brotgeschmack sorgt, den alle so schätzen und der das Brot wunderbar aufgehen lässt.

Hauptteig

Der eigentliche Brotteig besteht dann aus dem Vor- und dem Hauptteig. Für Letzteren werden zunächst Mehl und Wasser kurz miteinander verknetet.Das muss keinen glatten Teig ergeben, sondern lediglich grob vermengt werden. Nachdem diese Masse 30–60 Minuten gerastet hat, kommen der Vorteig und die Gewürze hinzu und alles wird 4–5 Minuten miteinander geknetet, bis sich alle Zutaten schön miteinander vermengt haben und zu einer geschmeidigen Teigkugel geworden sind.

Der Teig kommt dann in eine leicht eingeölte Schüssel mit Deckel und darf 30 Minuten ruhen.

Gewürze

Anis, Fenchel, Koriander, Kümmel, Kreuzkümmel, Muskat, usw. – erlaubt ist hier, wie immer, was schmeckt. Der eigenen Fantasie sind keine Grenzen gesetzt.

Teig falten

Danach wird der Brotteig das erste Mal gefaltet – direkt in der Schüssel. Dafür fasst man diesen mit einer leicht angefeuchteten Hand am oberen Rand an, zieht ihn vorsichtig, aber zügig in die Höhe und klappt ihn dann mittig über den Teig. Dasselbe macht man nun vom unteren Rand und dann von links und zuletzt von rechts. Danach kommt der Deckel wieder auf die Schüssel und der Teig darf erneut 45 Minuten rasten.

Dieser Vorgang wiederholt sich vier- bis fünfmal – der Teig darf dazwischen immer wieder 45 Minuten rasten. Durch das Falten entsteht ein stabiles Glutennetz. Das bedeutet, dass der Teig besser zusammenhält und eine schöne Krume bekommt – viele luftige Bläschen im Brot. Außerdem bekommt das Brot so eine schöne, kompakte Form. Wenn man den Teig nicht faltet, wird es so flach wie ein Fladen.

Bisserl viel auf einmal? *Weiterführende Infos zum Thema Sauerteig und ein Video zur Veranschaulichung des Falt-Vorgangs findest du auf www.motioncooking.com*

Eierspeisbrot

Eierspeisbrot klingt zunächst nicht nach allzu viel, das braucht es aber auch gar nicht, um kulinarisch auf Wolke 7 zu schweben. Hausgemachtes Sauerteigbrot und luftig geschlagene Eier heben diesen einfachen Klassiker ganz unaufgeregt auf ein völlig neues Level.

Gesamtzeit	**Davon aktiv**	**Ergibt**
20 Minuten	20 Minuten	1 Portion

Zutaten

- 1 Scheibe Sauerteigbrot (s. S. 10)
- etwas Butter zum Toasten

- 1 EL Butter
- 3 Eier
- 1 Schuss Schlagobers
- etwas Salz

- etwas Parmesan
- 1 Schuss Olivenöl
- etwas frische Kresse

Zubereitung

1. Das Brot beidseitig mit Butter bestreichen und in einer Pfanne beide Seiten knusprig toasten.
2. 1 EL Butter bei mittlerer bis hoher Temperatur aufschäumen lassen.
3. Die Eier in die Pfanne schlagen, salzen und behutsam mit einer Silikonspachtel durchrühren.
4. Einen Schuss Schlagobers hinzufügen und weiterrühren, bis die Eier die gewünschte Konsistenz haben – glänzend, saftig und ja nicht zu trocken!
5. Aus der Pfanne direkt aufs getoastete Brot geben und mit etwas Olivenöl beträufeln.
6. Parmesan darüberreiben und mit Kresse garnieren.

Gut zu wissen: *Die Eierspeis' mithilfe eines Silikonspatels lediglich sanft hin- und herschieben, so wird sie schön luftig und chunky!*

Kimchi Grilled Cheese

Man könnte natürlich auch einfach Käsetoast sagen, damit würde man diesem exquisiten Snack aber keineswegs gerecht. Frisches Sauerteigbrot, würziger Käse, jede Menge Röstaromen und hausgemachter Kimchi geben halt einfach anders Gas.

Gesamtzeit	Davon aktiv	Ergibt
20 Minuten	20 Minuten	1 Portion

Zutaten

- 2 Scheiben Sauerteigbrot (s. S. 10)
- etwas Butter zum Toasten

- 4 Scheiben gereifter Cheddar
- 1 Handvoll frisch geriebener Parmesan
- 3–4 EL abgetropfter Kimchi (s. S. 48)

Zubereitung

1. Die Brotscheiben auf einer Seite mit Butter bestreichen und diese Seite in einer Pfanne toasten.
2. Die getoastete Seite einer Brotscheibe mit 2 Scheiben Käse belegen und den Parmesan darüberstreuen.
3. Den Kimchi gut ausdrücken und über dem Käse verteilen.
4. Kimchi mit dem übrigen Käse belegen und mit der zweiten Brotscheibe abschließen.
5. Das Brot von beiden Seiten in der Pfanne oder in einem Klapptoaster knusprig toasten.

Gut zu wissen: *Beim Toasten in der Pfanne empfiehlt es sich, das Sandwich ab und zu mit einer zweiten Pfanne zu beschweren. Einfach ein wenig andrücken.*

French Onion Grilled Cheese

Wer etwas Geduld beweist und seine Zwiebeln sehr lange und langsam röstet, weiß um das Vielfache an Aromen Bescheid, die sich so aus dem vielseitigen Gemüse herausholen lassen. Vier Worte: French Onion Grilled Cheese. Mehr Geschmack geht nicht.

Gesamtzeit	**Davon aktiv**	**Ergibt**
60 Minuten	30 Minuten	1 Portion

Zutaten

- 2 Scheiben Sauerteigbrot (s. S. 10)
- etwas Butter zum Toasten
- 1 Prise Salz
- 1 Prise Pfeffer

- 1 EL Butter
- 2 EL Olivenöl
- 4 große, gelbe Zwiebeln
- 125 ml trockener Weißwein
- 1 Schuss Apfelessig
- 5–6 Thymianzweige

- 1 kleine Handvoll gereifter Gouda oder Gruyère (gerieben)
- 1 kleine Handvoll Mozzarella (gerieben)
- 1 Handvoll Parmesan (gerieben)
- 1 säuerlicher Apfel (z. B. Granny Smith)

Zubereitung

1. Die Zwiebeln schälen, halbieren und würfeln.
2. 1 EL Butter und das Olivenöl bei mittlerer Temperatur in einer Pfanne erhitzen und die Zwiebeln darin 30–45 Minuten sehr langsam und unter ständigem Rühren rösten, bis sie gleichmäßig braun geworden sind.
3. Die Thymianzweige hinzufügen.
4. Mit Wein und Apfelessig ablöschen und kurz verkochen lassen.
5. Den Thymian aus der Pfanne nehmen.
6. Die Brotscheiben auf einer Seite buttern und in einer Pfanne auf der gebutterten Seite toasten.
7. Mozzarella, Parmesan und Gouda bzw. Gruyère vermengen und eine Brotscheibe auf der getoasteten Seite mit der Hälfte des Käses und den gerösteten Zwiebeln belegen.
8. Den Apfel schälen, in dünne Scheiben schneiden und auf die Zwiebeln legen.
9. Mit dem übrigen Käse belegen und die zweite Brotscheibe drauflegen.
10. Mit Butter in einer Pfanne oder einem Klapptoaster knusprig toasten.

Almost Pastrami: Reuben Sandwich

Okay, zwölf Tage klingen erst mal zach, dafür zergeht dieser New Yorker Klassiker mindestens genauso lang auf der Zunge und sorgt in Kombination mit frischem Sauerteigbrot und Russian Dressing für jede Menge Deli-Vibes in den eigenen vier Wänden.

Gesamtzeit	Davon aktiv	Ergibt
ca. 12 Tage	60 Minuten	8 Portionen

Zutaten

Für die Brine (Salzlake & Gewürze):

- 4 kg eiskaltes Wasser
- 250 g brauner Zucker
- 150 g Salz
- 50 g Pökelsalz
- 3 Lorbeerblätter
- 1 Zimtstange
- 5 Gewürznelken
- 1 EL schwarze, grob gemahlene Pfefferkörner
- 1 TL Fenchelsamen
- 2 EL Koriandersamen
- 1 TL Knoblauchpulver
- 1 TL Zwiebelpulver

Für das Fleisch:

- 2 kg gut durchwachsenes Tri-Tip
- etwas schwarzer Pfeffer

Sonstiges:

- Sauerteigbrot (s. S. 10)
- Russian Dressing (s. S. 51)
- Dijonsenf
- gereifter Käse (z. B. Cheddar oder Gouda)
- frischer Kren
- Sauerkraut

Zubereitung

Tag 1:

1. 1 kg Wasser gemeinsam mit allen anderen Zutaten für die Brine in einem großen Topf aufkochen und anschließend leicht weiter köcheln lassen.
2. Nun wird gerührt, bis sich das Salz und der Zucker vollständig aufgelöst haben.
3. Mit dem übrigen Wasser aufgießen und alles vollständig auskühlen lassen. Wer einen Teil des Wassers in Form von Eiswürfeln zugibt, beschleunigt den Prozess ein wenig.
4. Das Tri-Tip von überschüssigem Fett und der Silberhaut befreien.
5. Das getrimmte Fleisch in die ausgekühlte Lake legen, sodass es vollständig damit bedeckt ist. Das Fleisch kann dazu beispielsweise mit einem Gitter beschwert werden, um es unter Wasser zu halten.
6. Zugedeckt im Kühlschrank 10 Tage ziehen lassen. Das klappt übrigens auch fabelhaft im Vakuum- oder Druckverschlussbeutel und braucht so auch gleich weniger Platz im Kühlschrank. Bei Letzterem empfehle ich sicherheitshalber zwei Stück!

→

Almost Pastrami: Reuben Sandwich

10 Tage später:

7. Das Fleisch aus der Lake nehmen, abspülen und trocken tupfen.
8. Das Fleisch mit dem grob gemahlenen, schwarzen Pfeffer einreiben und mit einer Handvoll Pellets oder Räucherchips im geschlossenen Grill 3 Stunden kalt räuchern.
9. Dazu eine Räucherschnecke mit Pellets füllen, in den kalten Grill stellen und an einem Ende anzünden, bis die Pellets an der Stelle gut brennen. Danach ausblasen – es sollte nun alles schön glühen und ordentlich zu rauchen beginnen.
10. Das Fleisch daneben auf den Grill legen, Deckel schließen und räuchern.
11. Das Fleisch aus dem Rauch nehmen, in einem Sous-vide-Beutel vakuumieren und im 65 °C heißen Sous-vide-Bad 48 Stunden garen.

48 Stunden später:

12. Das Fleisch aus dem Beutel nehmen und noch heiß in dünne Scheiben schneiden.
13. Jeweils eine von zwei Scheiben Sauerteigbrot auf einer Seite mit Senf bestreichen und großzügige Portionen Pastrami darauf verteilen.
14. Mit Sauerkraut belegen, den geriebenen Käse darüberstreuen und im Ofen bei maximaler Grillstufe überbacken. Am besten stets ein Auge darauf haben, damit es nicht verbrennt!
15. Mit Russian Dressing und etwas frischem Kren finalisieren und mit einer Scheibe Brot zudecken.

Gut zu wissen: *Am besten schmeckt das Reuben Sandwich mit hausgemachtem Sauerteigbrot!*

Banh Mi

Feine Leberpastete, knuspriger Schweinebauch und süß-saures Gemüse – wer wie ich bereits in den Genuss gekommen ist, durch das vietnamesische Hoi An zu schlendern und glückselig in das wahrscheinlich beste Sandwich der Welt zu beißen, wird auch zu Hause nicht mehr darauf verzichten wollen. Verständlich.

Gesamtzeit	**Davon aktiv**	**Ergibt**
2 Stunden 45 Minuten	45 Minuten	2 Portionen

Zutaten

Für das Sandwich:
- 2 kleine Baguettes
- 2 EL japanische Kewpie oder klassische Mayo
- 1 Snackgurke
- 1 roter Jalapeño
- etwas frischer Koriander
- 2 EL Leberpastete
- etwas Sriracha

Für das Fleisch:
- 250 g knuspriger Schweinebauch (s. S. 66)

Für die Sticky-Sauce:
- 100 g Hoisin-Sauce
- 1 EL Sojasauce
- 1 gepresste Knoblauchzehe
- 1 TL frisch geriebener Ingwer

Für die Vietnam Pickles:
- 100 g Karotten
- 100 g Daikon-Rettich
- 100 g Wasser
- 85 g Reisessig
- ½ Zitrone
- 8 g Salz
- 15 g Zucker
- 1 TL Pfefferkörner

Zubereitung

1. Für die Sticky-Sauce alle Zutaten glatt rühren.
2. Den knusprigen Schweinebauch kalt oder warm aufschneiden und mit der Sauce bestreichen.
3. Für die Vietnam Pickles die Karotten und den Rettich schälen.
4. Beides möglichst gleichmäßig und dünn stifteln oder einen Gemüsehobel zur Hilfe nehmen.
5. Für die Marinade Wasser, Zitronensaft, Reisessig, Zucker, Salz und Pfeffer in einem kleinen Topf aufkochen und dann weiterköcheln lassen, bis sich das Salz und der Zucker vollständig aufgelöst haben.
6. Die Karotten- und Rettichstifte in ein gut verschließbares Glas füllen, mit der heißen Marinade übergießen und 2–3 Stunden ziehen lassen.
7. Die Snackgurke in dicke Streifen schneiden – das verleiht dem Banh Mi etwas Frische und ordentlich Biss.
8. Die Chilischote in dünne Ringe schneiden. Wer's gern etwas milder hat, entfernt bei diesem Schritt auch gleich die Kerne.
9. Die Baguettes der Länge nach aufschneiden, sodass beide Hälften noch miteinander verbunden sind.
10. Kewpie bzw. Mayo auf einer Seite und die Leberpastete auf der anderen Seite des Baguettes verstreichen.
11. Den knusprigen Schweinebauch auf den Baguettes verteilen und mit Pickles, Gurkenstiften und den Chili-Ringen toppen.
12. Mit frischem Koriander garnieren und Sriracha darauf verteilen.

Meatball Parm Sandwich

Salsiccia gehört in meine Küche wie Salz und Pfeffer ins Gewürzregal, verfügt die italienische Wurst doch über einen einzigartig würzigen Geschmack, der etlichen Gerichten im Nu das gewisse Etwas verleiht. Sie lässt sich beispiellos knusprig braten, harmoniert wunderbar mit fruchtiger Paradeissauce und frisch geriebenem Parmesan und eignet sich hervorragend zur Herstellung herzhafter Meatballs. Perfekt für ein richtig geiles Sandwich!

Gesamtzeit	**Davon aktiv**	**Ergibt**
60 Minuten	60 Minuten	4 Portionen

Zutaten

Für die Meatballs:

- 300 g Rinderfaschiertes
- 200 g Salsiccia
- 50 g frisch geriebener Parmesan
- 1 Ei
- 60 g Brösel
- Salz & Pfeffer
- Olivenöl zum Anbraten

Für die Sauce:

- 250 g geröstete Paradeissauce (s. S. 55)
- 50 g frisch geriebener Parmesan
- Salz & Pfeffer
- etwas Zucker

Für das Sandwich:

- 4 Brioche Burger Buns (s. S. 38) in Hot Dog-Form
- frisches Basilikum
- etwas Mozzarella & Parmesan
- optional: etwas Hot-Sauce

Zubereitung

1. Die Salsiccia aus der Haut lösen und in mundgerechte Stücke zupfen.
2. Gemeinsam mit Faschiertem, Parmesan, Ei, Brösel sowie je einer Prise Salz und Pfeffer sorgfältig mit den Händen verkneten.
3. Ca. 16 Fleischbällchen daraus formen.
4. Etwas Olivenöl bei mittlerer bis hoher Temperatur in einer beschichteten Pfanne erhitzen.
5. Die Meatballs darin goldbraun und knusprig braten. Rausnehmen und zur Seite stellen.
6. Die Paradeissauce in die Pfanne gießen, erhitzen, den Parmesan einrühren und mit Salz, Pfeffer und etwas Zucker abschmecken.
7. Brioche Buns aufschneiden, toasten und mit der Sauce beträufeln.
8. Die Fleischbällchen auf der Sauce platzieren und mit Mozzarella, Parmesan und Basilikum garnieren.
9. Nach Geschmack mit Hot Sauce nachschärfen.

TOM'S
Sauce

Austrian Shrimp Roll

Ich lebe für Delikatessen wie Lobster Roll und kann davon einfach nicht genug kriegen. Da man Hummer in österreichischen Gewässern leider vergebens sucht, musste schnellstmöglich Ersatz her. Heimische Garnelen erfreuen sich nicht umsonst wachsender Beliebtheit und konkurrieren ohne viel Aufwand mit dem marinen Original, vor allem in Kombination mit dem richtigen Dressing. Besonders im fluffigen, in Butter getoasteten Brioche ein absoluter Hochgenuss.

Gesamtzeit	Davon aktiv	Ergibt
30 Minuten	30 Minuten	4 Portionen

Zutaten

- 500 g Garnelen (aus der Region)
- 1 Stangensellerie
- 50 g cremiges, griechisches Joghurt mit 10 % Fettanteil
- 50 g Mayo
- 1 TL Dijonsenf
- 1 EL hochwertiges Olivenöl
- ½ Zitrone (Saft & Zesten)
- etwas Salz
- 2 TL frische Dille

- 4 Brioche Burger Buns (s. S. 38)
- etwas Butter zum Toasten

Zubereitung

1. Den Stangensellerie fein würfeln und die Dille fein hacken.
2. Für das Dressing Joghurt, Mayo, Dijonsenf, Olivenöl, Sellerie, Salz und den Saft sowie die Zesten der Zitrone glatt rühren. Eventuell noch mit etwas mehr Salz abschmecken.
3. Die Garnelen gegebenenfalls aus der Schale lösen, waschen und in gut gesalzenem, wallend kochendem Wasser 2–3 Minuten kochen. Wer auf Nummer Sicher gehen will, teilt eine Garnele und prüft, ob sie schon gar ist.
4. In kaltem Wasser abschrecken, sonst garen sie weiter und werden zu trocken.
5. Gut abtropfen lassen und mit dem Dressing vermengen.
6. Die Brioche Burger Buns mit etwas Butter toasten und mit dem Garnelensalat füllen.

Gut zu wissen: *Wer Garnelen mit Schale verwendet, nutzt diese am besten für die Zubereitung eines wunderbar würzigen Garnelenfonds. Mein erprobtes Rezept findet sich auf www.motioncooking.com!*

Brioche Burger Buns

Ich habe nur einen einzigen Anspruch an Burger – sie müssen perfekt sein. Und das beginnt bereits bei der Auswahl der Buns. Buttrig-fein, fluffig und schön elastisch sollen sie sein, dabei zu keinem Zeitpunkt zerbröseln oder sich zu sehr mit Saft und Toppings ansaugen. Nach jahrelanger Recherche und etlichen Versuchen bin ich nun endlich mehr als zufrieden mit dem Ergebnis. Diese Buns sind gekommen, um zu bleiben.

Gesamtzeit	**Davon aktiv**	**Ergibt**
3 Stunden	30 Minuten	8 Buns

Zutaten

Für das Kochstück:
- 100 g Vollmilch
- 20 g Weizenmehl, Universal (alternativ W 700 oder Type 550)

Für den Teig:
- 35 g Zucker (1 EL mehr für süßere Brioche)
- 370 g Weizenmehl, Universal (alternativ W 700 oder Type 550)
- 7 g Trockengerm
- 100 g kalte Vollmilch
- 2 kalte Eier
- 10 g Salz
- 50 g weiche Butter (Raumtemperatur)

Zum Bestreichen:
- 1 Ei
- 1 Schuss Milch

Sonstiges:
- etwas flüssige Butter
- etwas Pflanzenöl

Zubereitung

1. Für das Kochstück Vollmilch mit Mehl in einer kleinen Pfanne verrühren und bei mittlerer bis hoher Temperatur unter ständigem Rühren 1–2 Minuten erhitzen, bis die Masse stark andickt und klebrig geworden ist.
2. In einer Schüssel im Kühlschrank vollständig auskühlen lassen.
3. Für den Teig Zucker, Mehl und Trockengerm in die Schüssel der Küchenmaschine geben und mit dem Knethaken bei niedriger Geschwindigkeit verrühren, die Milch nach und nach eingießen.
4. Danach folgt ein Ei nach dem anderen.
5. Das kalte Kochstück hinzufügen und die Geschwindigkeit um eine Stufe erhöhen, bis alle Zutaten grob miteinander verknetet sind.
6. Die Butter in 3–4 Portionen nach und nach hinzufügen, einkneten und dann noch 3–4 Minuten weiter kneten.
7. Salz hinzufügen und weitere 4–6 Minuten kneten, bis der Teig geschmeidig und schön glänzend geworden ist. Sollte er dabei am Rand kleben bleiben, den Teig einfach mithilfe einer Teigkarte abschaben und weiterkneten. Nicht wundern, der Teig ist am Ende etwas klebrig. Auf eine leicht bemehlte Arbeitsfläche stürzen und zu einer glatten, geschmeidigen Teigkugel formen.
8. In eine eingeölte Schüssel geben und zugedeckt 1–2 Stunden bei Raumtemperatur gehen lassen, bis er die doppelte Größe erreicht hat.

→

Brioche Burger Buns

9. Den Teig wieder auf die leicht bemehlte Arbeitsfläche stürzen und in 8 gleich große Teile schneiden. Wer hier eine Waage verwendet, freut sich am Ende über schön gleichmäßige Burger Buns!
10. Die Teiglinge nun von außen nach innen falten und zu glatten Kugeln formen.
11. Mit 3–4 cm Abstand auf ein mit Backpapier ausgelegtes Backblech geben und zugedeckt 30–60 Minuten gehen lassen, bis sie die doppelte Größe erreicht haben.
12. Den Backofen auf 180 °C Ober- und Unterhitze vorheizen.
13. Ei und Milch mit einer Gabel verquirlen und die Buns vorsichtig damit bestreichen.
14. 15–20 Minuten goldbraun backen. Wer sichergehen möchte, dass die Buns fertig sind, kontrolliert einfach die Kerntemperatur – diese sollte zwischen 95 °C und 98 °C liegen.
15. Aus dem Ofen nehmen und sofort mit der flüssigen Butter bestreichen, um ihnen einen wunderbaren Glanz zu verleihen.

Gut zu wissen: *Wer einfach mit einem Stück Butter über die heißen Buns streicht, erspart sich das Schmelzen der Butter. Meine Buns schmecken übrigens auch noch drei Tage nach dem Backen. Wenn man sie mit etwas Butter bestreicht und in der Pfanne oder auf dem Grill toastet, schmecken sie sogar wie am ersten Tag. Ich bewahre sie einfach in einem luftdichten Beutel oder einer verschließbaren Dose auf, so trocknet nichts aus. Wer sie einfrieren möchte, stellt die Buns zuerst auf ein Gitter oder ein Blech in den Gefrierschrank. Sobald sie gefroren sind, einfach vakuumieren. So werden die Buns nicht unnötig zusammengepresst und behalten ihre schöne Form.*

Dreierlei Cheeseburger

Den perfekten Burger definiert jeder für sich. Hier ist meiner Meinung nach aber weniger oft mehr, weshalb sich die Zutatenlisten meiner Favoriten in der Regel sehr überschaubar gestalten. Wer seine Burger Buns und den Schmelzkäse selbst zubereitet, ist den anderen im Burger-Game aber sowieso schon meilenweit voraus.

Gesamtzeit	**Davon aktiv**	**Ergibt**
25 Minuten	25 Minuten	4 Burger

Zutaten

- 500 g Rinderfaschiertes mit hohem Fettanteil z. B. durchzogenes Chuck (hinteres Ausgelöstes)
- etwas Salz & Pfeffer
- 4 Scheiben homemade Schmelzkäse (s. S. 59)

- 4 Brioche Burger Buns (s. S. 38)
- Butter zum Toasten

Zubereitung

1. Das Fleisch gut durchkneten und zu 4 gleich großen Kugeln formen.
2. Die Burger Buns halbieren, auf jede Schnittseite ein kleines Stück Butter legen und in einer heißen Pfanne oder auf einer Plancha toasten. Dabei immer ein bisschen hin- und herschieben, damit sich die Butter auch optimal auf den Buns verteilt.
3. Die Fleischkugeln bei hoher Temperatur in eine Pfanne bzw. auf die Plancha legen und mit einem Burger Smasher oder einem robusten Wender kräftig flach drücken. Nur nicht zu schüchtern!
4. Das Fleisch salzen.
5. 1–3 Minuten braten, bis das Fleisch eine schöne Kruste bekommen hat. Wenden, pfeffern und mit dem Käse belegen.
6. Weiterbraten, bis der Käse geschmolzen ist. Eine Burgerglocke oder ein Topfdeckel beschleunigen diesen Prozess übrigens erheblich und das Fleisch bleibt schön saftig.
7. Das Burger-Patty auf eine Bun-Hälfte geben, mit den jeweiligen Toppings (s. S. 44) belegen und die zweite Bun-Hälfte drauflegen.

Gut zu wissen: *Ein Burger-Smasher ist kostentechnisch mehr als überschaubar und jeden Cent wert!*

Dreierlei Cheeseburger

#1

Zutaten

- 1 rote Zwiebel
- Nussbutter-Mayo (s. S. 53)
- Salz
- 3–4 EL Olivenöl

Zubereitung

1. Die Zwiebel schälen und in 1,5–2 cm dicke Scheiben schneiden.
2. Von beiden Seiten salzen und in 3–4 EL Olivenöl in einer beschichteten Pfanne erhitzen und die Zwiebelscheiben darin 8–10 Minuten langsam rösten. Dabei immer wieder vorsichtig wenden und aufpassen, dass sie nicht zerfallen. So werden die Zwiebelscheiben schön weich, haben mega-nice Röstaromen und bekommen eine einzigartige Süße.
3. Fürs volle Geschmackserlebnis am besten als Ganzes in den Burger legen.

#2

Zutaten

- Essiggurkerlscheiben
- Chili-Mayo (s. S. 52)
- Eisbergsalat für etwas Frische & Crunch

Zubereitung

Hier gilt ebenfalls: Nach Lust und Laune mehr oder weniger von den jeweiligen Zutaten verwenden und den Burger damit belegen – ganz nach Geschmack!

#3

Zutaten

- Mayo
- eingelegte Jalapenos
- Senf
- Ketchup
- Essiggurkerlscheiben

Zubereitung

Nach Lust und Laune mehr oder weniger von den jeweiligen Zutaten verwenden und den Burger damit belegen – easy & classic!

TOPPINGS

MEHR

Saucen, Eingemachtes & Toppings

Süß, sauer, scharf, würzig: Hausgemachte Saucen, Eingemachtes und Toppings sorgen für jede Menge Abwechslung und Geschmack und machen auch das schlichteste Sandwich zu etwas ganz Besonderem. Hier selbst Hand anzulegen lohnt sich wirklich, weshalb ich diesbezüglich auch stets bestens aufgestellt bin. Aber nicht nur geschmacklich, auch was Nachhaltigkeit angeht, bringt die Eigenproduktion von Toppings einiges an Vorteilen mit sich: So eignet sich beispielsweise Kimchi hervorragend zum Verwerten etwaiger Gemüsereste und übrig gebliebenes Brot wird im Handumdrehen zum fancy Grilled Cheese. Wer Mayo oder Schmelzkäse einmal selbst zubereitet hat, möchte diese raffinierten, kulinarischen Zugaben außerdem einfach nicht mehr missen. Hausgemacht schmeckt's halt am besten.

ZUM DRIWASTRAHN

Kimchi

Scharf, würzig, sauer, fruchtig und voller Umami – Kimchi eben! Ob auf Salaten, Burgern oder in Sandwiches: Das fermentierte Gemüse aus Südkorea spielt kulinarisch einfach alle Stücke und lässt sich easy den persönlichen Vorlieben anpassen, ohne dabei an Geschmack einzubüßen.

Gesamtzeit	**Davon aktiv**	**Ergibt**
min. 3 Tage 30 Minuten	30 Minuten	1 kg Kimchi

Zutaten

- 750 g Chinakohl
- 75 g Zwiebel
- 15 g Knoblauch
- 40 g Ingwer
- 60 g Karotten
- 30 g Jungzwiebel
- 22 g Salz, unbehandelt
- 75 g Wasser
- 10–20 g Gochugaru oder andere Chiliflocken

Gut zu wissen: *Grundsätzlich gilt: 2 % Salzgehalt. Das bedeutet konkret, dass alle Zutaten nach dem Schneiden gemeinsam abgewogen werden - inklusive Wasser. 2 % dieser Menge ergeben das benötigte Salz. Kimchi lässt sich übrigens auch ohne Weiteres mit anderen Gemüsesorten als Chinakohl zubereiten und bietet eine perfekte Gelegenheit, um etwaige Gemüsereste nachhaltig zu verarbeiten!*

Zubereitung

1. Den Chinakohl waschen und vom Strunk befreien.
2. Der Länge nach vierteln und von der Spitze nach unten in 4–5 cm große Stücke schneiden. Dabei zum Strunk hin dünner werden, da der Kimchi sonst sehr grobe Stücke aufweist, die sich nur sehr schwer weiterverarbeiten lassen.
3. Karotten und Zwiebeln schälen.
4. Die Karotten und die Jungzwiebeln in 4–5 cm lange dünne Stifte schneiden.
5. Knoblauch und Ingwer schälen, gemeinsam mit Wasser und Salz mithilfe des Stabmixers mixen.
6. Den Chinakohl, die Chiliflocken und das übrige, klein geschnittene Gemüse in eine große Schüssel geben.
7. Den Ingwer-Knoblauch-Mix hinzufügen und gut mit den Händen vermengen.
8. Das Gemüse nun 10–15 Minuten ziehen lassen.
9. Noch einmal kurz durchrühren und in ein passendes Einmachglas füllen bzw. es in das Glas stopfen, um möglichst viel Luft aus dem Kimchi zu bekommen.
10. Die übrige Marinade über den Kimchi gießen, den Glasrand mit einem sauberen Tuch abwischen und einen kleinen Glasdeckel oder ein Fermentationsgewicht direkt auf den Kimchi legen. Das drückt das Gemüse nach unten, der Saft steigt nach oben und Schimmel wird vermieden.
11. Den Deckel – ohne Dichtungsgummi – auf das Glas legen und bei Zimmertemperatur (ca. 20 °C) 3–7 Tage fermentieren. Je länger das Gemüse fermentiert, desto saurer wird es. Einfach hin und wieder probieren.
12. Je wärmer die Zimmertemperatur, desto schneller schreitet die Fermentation voran. Sobald der gewünschte Geschmack erreicht ist, einfach im Kühlschrank aufbewahren und so die Fermentation stoppen. Den Dichtungsgummi ab jetzt unbedingt wieder aufs Glas geben.

Russian Dressing

Russian Dressing gehört in ein Reuben-Sandwich wie der Spritzwein zu Österreich. Die würzige Sauce verleiht aber auch anderen Köstlichkeiten wie beispielsweise Cheeseburgern im Handumdrehen das gewisse Etwas. Ohne auszukommen – für mich einfach undenkbar.

Gesamtzeit	Davon aktiv	Ergibt
10 Minuten	10 Minuten	8 Portionen

Zutaten

- 40 g Schalotten
- 30 g Essiggurkerl
- 150 g Mayo
- 20 g Ketchup, scharf
- 20 g Dijonsenf
- 1 TL Hot Sauce
- 1 TL Sojasauce
- 1 Spritzer Zitronensaft
- 1 Prise Salz + mehr zum Abschmecken

Zubereitung

1. Die Schalotten und die Essiggurkerl sehr fein würfeln.
2. Beides mit Mayo, Ketchup, Dijonsenf, Hot Sauce, Zitronensaft und Salz mischen, bis sich das Salz vollständig aufgelöst hat. Wer direkt in einer Schüssel auf seiner Waage arbeitet, ist hier klar im Vorteil.
3. Bei Bedarf mit mehr Salz abschmecken.

Gut zu wissen: *Russian Dressing lässt sich einen Tag im Kühlschrank aufbewahren. Sofern es so lange hält, was ich bezweifle. Wer die frischen Schalotten erst kurz vor der erneuten Verwendung hinzufügt, macht das Dressing mindestens bis zu drei Tage haltbar. Rohes Zwiebelgemüse beginnt nämlich schnell zu gären, was in weiterer Folge zur Produktion von Bitterstoffen führt, die den Geschmack negativ beeinflussen.*

Chili-Mayo

Wer regelmäßig in Asia-Märkten einkauft, hat bestimmt schon ein Auge auf Gochujang geworfen. Die fermentierte Chilipaste eignet sich fabelhaft zum Pimpen verschiedenster Fleisch- und Gemüsegerichte und verleiht auch meiner Chili-Mayo jede Menge zusätzliche Geschmacksnuancen. Fazit: Nie wieder ohne.

Gesamtzeit	**Davon aktiv**	**Ergibt**
10 Minuten	10 Minuten	8 Portionen

Zutaten

- 120 g Mayo
- 2 TL geröstetes Sesamöl
- 1 gepresste Knoblauchzehe
- 1 TL Fischsauce
- 40 g Gochujang
- 3 EL Weißweinessig
- 1 EL Honig

Zubereitung

Alle Zutaten in ein hohes Gefäß bzw. einen Messbecher geben und mit einem Stabmixer pürieren – einfacher wird's nicht.

Nussbutter-Mayo

Die Basis für diese umwerfende Mayo hat mir kein Geringerer als mein Freund Tommy – ehemaliger Küchenchef im Ikarus (Hangar 7) – verraten: Ponzu, Sojasauce und vor allem: braune Butter. Diese wird auch als Nussbutter bezeichnet, da ihr das Bräunen eine ganz eigene, besondere Note verleiht. Mein persönlicher Twist: Ordentlich Hot Sauce!

Gesamtzeit	**Davon aktiv**	**Ergibt**
45 Minuten	15 Minuten	8 Portionen

Zutaten

- 125 g Butter
- 40 g Dotter
- 25 g Ponzu
- 8 g Sojasauce
- 15 g Limettensaft
- 1 TL Hot Sauce
- 1 TL brauner Zucker
- 1 Prise Salz + mehr zum Abschmecken

Zubereitung

1. Die Butter bei mittlerer Hitze in einem kleinen Topf schmelzen und dabei immer wieder schwenken, um sie gleichmäßig zu bräunen. So lange, bis die Butter leicht braun geworden ist und nussig duftet. Achtung: Nicht verbrennen lassen!
2. Direkt in einen Messbecher gießen und auf Körpertemperatur abkühlen lassen.
3. Dotter, Ponzu, Sojasauce, Limettensaft, Hot Sauce, braunen Zucker und Salz mit einem Stabmixer mixen und die flüssige Nussbutter nach und nach eingießen, um die Mayo „hochzuziehen“.
4. Bei Bedarf noch einmal mit Salz und Hot Sauce abschmecken.

Geröstete Paradeissauce

Meine geröstete Paradeissauce steht und fällt mit der Qualität der verwendeten Zutaten. Saisonales Gemüse aus der Region macht hier einfach den Unterschied und nur die besten Paradeiser sind gerade gut genug. Wer schlau ist, nutzt deshalb die Gunst der Stunde und kocht zeitgerecht ein, was das Gemüsefeld hergibt.

Gesamtzeit	**Davon aktiv**	**Ergibt**
60 Minuten	15 Minuten	8 Portionen

Zutaten

- 1 kg Paradeiser, verschiedene Sorten
- ½ Zitrone (Saft)
- 2 Knoblauchzehen
- 1 Prise Salz + mehr zum Abschmecken
- etwas Zucker (nach Bedarf)
- Olivenöl zum Beträufeln

Zubereitung

1. Die Paradeiser waschen und in einen Bräter geben. Wer Ochsenherz- oder Fleischparadeiser verwendet, schneidet sie einfach ein- bis zweimal durch.
2. Knoblauchzehen samt Schale dazugeben – so wird der Knoblauch innen schön weich und süß, ohne zu verbrennen.
3. Alles mit etwas Olivenöl beträufeln, salzen und im Backofen bei 230 °C Ober- und Unterhitze rösten, bis die Paradeiser schwarze Stellen bekommen haben und weich gebraten sind.
4. Die Knoblauchzehen aus der Schale drücken und gemeinsam mit den Paradeisern pürieren.
5. Nach Geschmack mit Salz, Zitronensaft und/oder Zucker abschmecken.
6. In Gläser eingekocht oder portionsweise eingefroren, liefert diese geröstete Paradeissauce die perfekte Basis für Suppen, Pasta und Dressings.

Gut zu wissen: *Mehr Infos zum Einkochen und eine ausführliche Anleitung auf www.motioncooking.com*

Pizzasauce

Grandiose Pizzasauce ist weder schwer herzustellen, noch braucht es dazu viel. Dosenparadeiser, etwas Salz und Oregano reichen völlig. Selbstverständlich lässt sich die Sauce nach Lust und Laune mit Kräutern und Gewürzen nach Wahl verfeinern. So oder so gilt hier – voller Geschmack bei minimalem Aufwand.

Gesamtzeit	**Davon aktiv**	**Ergibt**
5 Minuten	5 Minuten	6 Portionen

Zutaten

- 600 g Dosenparadeiser (ganze Stücke)
- 1 TL Salz
- 2 TL Oregano

Zubereitung

1. Die Paradeiser in eine Schüssel geben und gegebenenfalls den Saft abseihen, sollte dieser zu wässrig sein.
2. Ein wenig mit den Händen zerdrücken und Salz sowie Oregano hinzufügen. Abschmecken und bei Bedarf nachsalzen.

Gut zu wissen: *Wer seine Paradeiser selbst einkocht, freut sich auch in den kalten Wintermonaten über noch mehr Aroma und Geschmack. Ich verwende dazu am liebsten vollreife, heimische Paradeiser. Mehr Infos dazu auf www.motioncooking.com!*

Schmelzkäse

Man könnte seine Burger natürlich mit American Cheese zubereiten, schließlich schmilzt der perfekt und schmeckt auch okay. Auch klassischer Cheddar wäre eine Idee, der hätte geschmacklich mehr zu bieten, schmilzt dafür nicht so richtig. Aber wer will das schon? Eben. Ohne perfekten Käse kein perfekter Burger.

Gesamtzeit	**Davon aktiv**	**Ergibt**
12 Stunden	20 Minuten	8 Portionen

Zutaten

- 150 g Cheddar
- 60 g Vollmilch
- 15 g Butterschmalz
- 1 Prise Salz

Zubereitung

1. Einen ca. 10 cm großen Dessertring (alternativ eine kleine Form oder Schale) auf einen Teller stellen und mit Frischhaltefolie auslegen.
2. Den Cheddar reiben und mit Milch, Butterschmalz und einer Prise Salz unter ständigem Rühren erhitzen, bis der Käse vollständig geschmolzen ist.
3. Mit einem Stabmixer fein zu einer homogenen Masse pürieren und rasch in die ausgelegte Form gießen.
4. Im Kühlschrank aushärten lassen – am besten über Nacht.
5. Mit einem Käseschneider (mit Schneidedraht) in Scheiben schneiden und verwenden.

Gut zu wissen: *Your Schmelzkäse, your rules. Etwas Parmesan für mehr Würze, frische Chilischoten für ordentlich Feuer oder Blauschimmelkäse für den High Intensity-Kick - alles geht, nichts muss.*

Dressings

Ohne das richtige Dressing wäre auch die großartigste Salatkombination am Ende nur hundsordinäre Rohkost. Diese vier erprobten Varianten sorgen für jede Menge Geschmack, sind im Handumdrehen zubereitet und lassen sich wunderbar vorbereiten und im Kühlschrank lagern – perfekt für den stressigen Büroalltag!

Paradeisdressing

Zutaten

- 5 EL Weißweinessig
- 5 EL Olivenöl
- 2 TL Tomatenmark
- ½ Zitrone (Saft und Zesten)
- ½ TL Oregano
- ½ Knoblauchzehe
- 1 TL Zucker
- Salz & Pfeffer

Gesamtzeit	Davon aktiv	Ergibt
5 Minuten	5 Minuten	4 Portionen

Knoblauchzehe pressen und mit den anderen Zutaten in ein verschraubbares Glas geben, fest schütteln und gegebenenfalls mit Salz, Pfeffer und Zucker abschmecken.

Gut zu wissen: *Wer's gerne etwas feiner hat, püriert die Zutaten mithilfe eines Stabmixers und schmeckt dann final mit Salz, Pfeffer und Zucker ab. Durch das Mixen wird das Dressing auch gleich viel cremiger!*

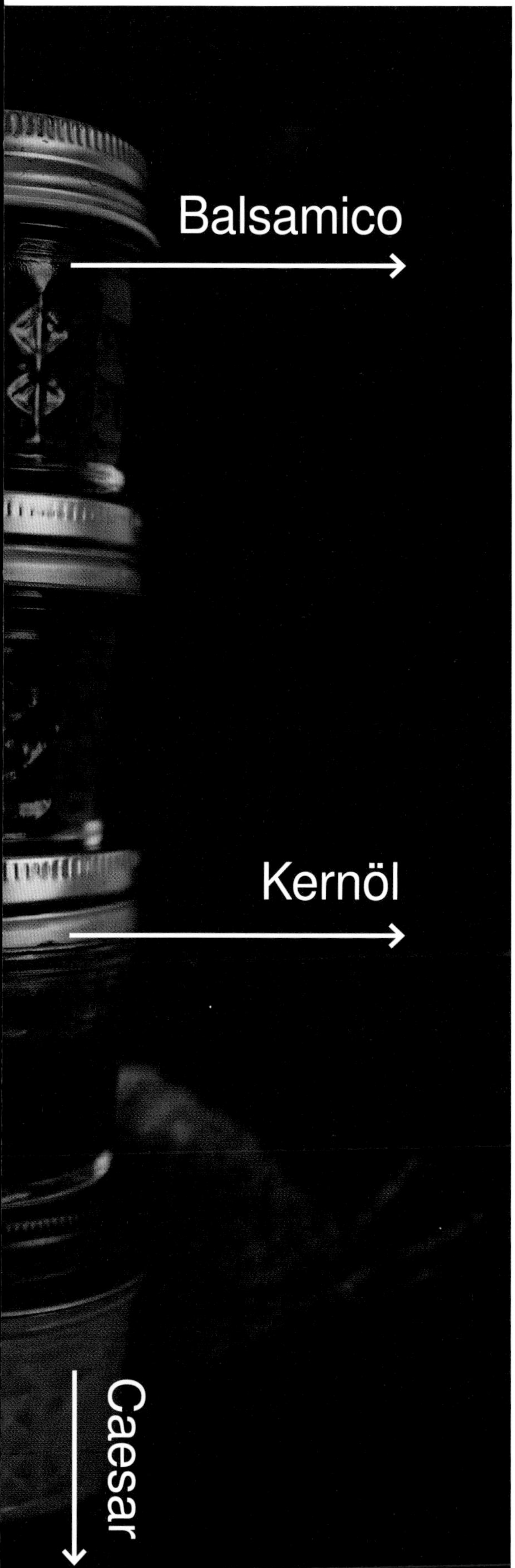

Balsamicodressing

Zutaten

- 4 EL Balsamico
- 5 EL Olivenöl
- ½ Zitrone (Saft)
- 1 TL Dijonsenf
- 1 TL Zucker
- etwas Salz & Pfeffer

Gesamtzeit	**Davon aktiv**	**Ergibt**
5 Minuten	5 Minuten	4 Portionen

Alle Zutaten in ein verschraubbares Glas geben, fest schütteln und gegebenenfalls mit Salz, Pfeffer und Zucker abschmecken.

Kernöldressing

Zutaten

- 8 EL Kernöl
- 9 EL Apfelessig
- 2 TL Dijonsenf
- 2 TL Honig
- etwas Salz & Pfeffer

Gesamtzeit	**Davon aktiv**	**Ergibt**
5 Minuten	5 Minuten	4 Portionen

Alle Zutaten in ein verschraubbares Glas geben, fest schütteln und gegebenenfalls mit Salz, Pfeffer und mehr Honig abschmecken.

Gut zu wissen: *Statt des Apfelessigs können auch 5 EL Apfelbalsamessig und 1 statt 2 TL Honig verwendet werden.*

→

Caesar Style

Die verführerische Kombination aus Knoblauch, würzigem Parmesan, Fischsauce und Zitronensaft erobert nicht umsonst alle Herzen im Sturm. Ein Klassiker, der seinesgleichen sucht. Salat ohne Caesar Dressing? Absolut undenkbar.

Gesamtzeit	**Davon aktiv**	**Ergibt**
10 Minuten	10 Minuten	4 Portionen

Zutaten

- 2 Anchovisfilets in Öl
- 1 TL Fischsauce (notfalls Sojasauce)
- 1 Dotter
- 1 TL Dijonsenf
- 1 TL Zucker
- 1 Knoblauchzehe
- ½ Zitrone (Saft und Zesten)
- ca. 60 ml Raps- oder Sonnenblumenöl
- 2 EL fein geriebener Parmesan
- etwas Salz & Pfeffer

Zubereitung

Zubereitung mit dem Schneebesen:

1. Anchovisfilets im Mörser fein mahlen oder mit dem Messer sehr fein hacken.
2. Gemeinsam mit der Fischsauce, dem Dotter, dem Zucker, dem Dijonsenf, der gepressten Knoblauchzehe, dem Zitronensaft und den Zesten in eine mittlere bis große Schüssel geben und mit dem Schneebesen schlagen, bis alles schön vermengt ist.
3. Das Öl nach und nach eintropfen und dabei immer weiterschlagen, so lange, bis die Sauce dickflüssig geworden ist und schön glänzt.
4. Den Parmesan einrühren und mit Salz, Pfeffer und eventuell noch mehr Zitronensaft abschmecken.

Zubereitung mit dem Stabmixer:

1. Anchovisfilets, Fischsauce, Zucker, Dijonsenf, Dotter, Knoblauchzehe, Zitronensaft und -zesten in ein hohes, schmales Gefäß geben und mit dem Stabmixer fein pürieren, bis alles schön vermengt ist.
2. Das Öl nach und nach eintropfen lassen und dabei immer weitermixen, bis das Dressing schön dickflüssig geworden ist und glänzt.
3. Den Parmesan einrühren und nach Geschmack mit Salz, Pfeffer und eventuell etwas mehr Zitronensaft abschmecken.

VIE
HR

All-time Favorites

Es gibt Gerichte, die mich seit meiner Kindheit begleiten, die ich auf meinen zahlreichen Reisen kennen- und lieben gelernt habe und ohne deren Existenz ich mir ein Leben auf diesem Planeten nicht einmal mehr vorstellen möchte. Sie strotzen vor Geschmack, erfreuen sich auch in meinem Familien- und Bekanntenkreis einer unglaublichen Beliebtheit und sind nicht nur fixer Bestandteil meines Speiseplans, sondern auch immer wieder ein Ass, das ich bei Gelegenheit aus dem Ärmel schütteln kann. Diese kulinarischen Köstlichkeiten sind das Herzstück meiner Küche und einfach zum Niederknien. Ob knuspriger Schweinebauch, Korean Fried Chicken, Candy Bacon, das perfekte Steak, zartes Buttermilch-Backhendl, hausgemachter Leberkäs oder Pasta Pomodoro mit Salsiccia Meatballs – hier gilt: Mehr is' mehr. Auch, was die zubereiteten Mengen angeht. Trust me.

ZUM EINELEGN

Knuspriger Schweinebauch

Knuspriger Schweinebauch aka Kümmelbraten begleitet mich bereits seit meiner Kindheit und ist bis heute eines meiner absoluten Leibgerichte. Innen wunderbar saftig, mit einer herzhaften Kruste und jeder Menge würziger Aromen, überzeugt dieses auf Herz und Nieren geprüfte Rezept bereits seit vielen Jahren auch meine Familie und Freunde. Danke Mama!

Gesamtzeit	**Davon aktiv**	**Ergibt**
18 Stunden 20 Minuten	20 Minuten	8 Portionen

Zutaten

- 1 kg Bauchfleisch
- viel Salz für die Schwarte
- 2 EL Salz für das Fleisch
- 2 TL schwarzer Pfeffer
- 1 gepresste Knoblauchzehe
- ½ TL Kümmel

Gut zu wissen: *Sobald der knusprige Schweinebauch abgekühlt ist, lässt er sich wunderbar aufschneiden und als g'schmackiger Brotbelag oder Frühstücksspeck verwenden.*

Zubereitung

1. Das Fleisch rundherum trocken tupfen und die Schwarte mit einem spitzen Messer mehrfach einstechen oder rautenförmig einschneiden. Zweiteres sorgt für ein wunderschönes Muster!
2. Die Fleischseite mit Salz, Pfeffer, Kümmel und Knoblauch einreiben.
3. Den Bauch mit der Schwarte nach oben auf ein großes Stück Alufolie legen. So groß, dass rund ums Fleisch 5 cm Rand aus Alufolie übrig bleibt.
4. Die Folie nach oben falten, sodass das Fleisch nun in einer Art Nest liegt.
5. In einen Bräter legen – damit lässt sich das Fleisch später leichter transportieren – und die Schwarte 5 mm dick mit Salz bedecken.
6. Mindestens über Nacht im Kühlschrank ziehen lassen – am besten 16–24 Stunden.
7. Das Fleisch mindestens zwei Stunden vor dem Braten aus dem Kühlschrank nehmen, damit es auf Zimmertemperatur kommt.
8. Den Backofen auf 170 °C Ober- und Unterhitze vorheizen.
9. Das Salz von der Schwarte abklopfen und das Fleisch etwas biegen, sodass die Schwarte eine leichte Kuppel bildet. Das vermeidet etwaige Pfützen auf der Schwarte und garantiert, dass sie optimal aufpoppt.
10. Das Fleisch aus der Folie nehmen und in den Bräter legen.
11. Einen Schuss Wasser zugießen und das Fleisch 1,5 Stunden im Ofen garen.
12. Den Backofen auf Grillstufe einstellen und die Schwarte knusprig braten, bis sie aufpoppt. Das dauert etwa 5–10 Minuten – das Fleisch dabei stets im Auge behalten, damit nichts verbrennt.

Korean Fried Chicken

Wer mich ein bisserl kennt, weiß um meine Liebe zu frittierten Hühnergerichten aus der koreanischen Küche vermutlich schon bestens Bescheid. Diese besondere Delikatesse ist aber jedes Mal aufs Neue ein einzigartiges Feuerwerk an Aromen, vor allem seit ich sie mit meiner persönlichen Note versehen habe – knusprig, hot und würzig zum Quadrat. Mehr geht nicht.

Gesamtzeit
2 Stunden 45 Minuten

Davon aktiv
45 Minuten

Ergibt
4 Portionen

Zutaten

Für das Hendl:

- 600 g Hühnerfleisch, ausgelöst (vorzugsweise Oberkeulen)
- 200 g Buttermilch
- 2 Eier
- 10 g Salz
- 1 gepresste Knoblauchzehe
- 1 EL frisch geriebener Ingwer
- Öl zum Frittieren

Für die Sauce:

- ½ Zwiebel
- 2 Knoblauchzehen
- 1 EL geröstetes Sesamöl
- 3 EL Sonnenblumen- oder Rapsöl
- 20 g frisch geriebener Ingwer
- 90 g Sojasauce
- 50 g Gochujang (alt. Chilipaste)
- 1 Zitrone (Saft und Zesten)
- 2 EL Weißwein- oder Reisessig
- 30 g Honig
- 40 g brauner Zucker

Für die Panier:

- 150 g Weizenmehl, Universal
- 150 g Mais- oder Kartoffelstärke

Zum Toppen:

- Sesam
- Jungzwiebelgrün

Zubereitung

1. Das Hühnerfleisch gemeinsam mit Buttermilch, Eier, Salz, Ingwer und gepresstem Knoblauch in einer Schüssel vermengen.
2. Mindestens zwei Stunden oder über Nacht ziehen lassen.
3. Für die Chilisauce Zwiebel und Knoblauch schälen und fein würfeln.
4. Sesam- und Pflanzenöl bei mittlerer bis hoher Temperatur erhitzen und Zwiebel sowie Knoblauch 2–3 Minuten darin glasig dünsten.

→

Korean Fried Chicken

5. Ingwer, Sojasauce, Gochujang, Saft und Zesten der Zitrone sowie Weißwein- oder Reisessig, Honig und Zucker hinzufügen, kurz verrühren und 1–2 Minuten köcheln lassen. Dabei immer wieder umrühren.
6. Vom Herd nehmen und mit einem Stabmixer fein pürieren.
7. Zum Panieren Mehl und Stärke in eine Schüssel füllen und gut vermengen.
8. Das Hühnerfleisch aus der Marinade nehmen, leicht abtropfen lassen und in der Mehl-Stärke-Mischung wenden.
9. Leicht abklopfen und auf ein Gitter legen.
10. Den Backofen auf 60 °C Ober- und Unterhitze vorheizen und das Öl in der Fritteuse bzw. dem Topf auf 190 °C erhitzen.
11. Die Hühnerstücke in der Fritteuse bzw. dem Topf 4–5 Minuten knusprig frittieren, bis sie schön goldbraun gebacken sind– nicht alle Stücke auf einmal, sonst kühlt das Öl zu schnell ab!
12. Die bereits frittierten Stücke im vorgeheizten Backofen warm halten.
13. Die frittierten Hühnchenstücke in eine Schüssel geben, mit etwas Chilisauce beträufeln und durchschwenken, bis sie vollständig damit ummantelt ist.
14. Mit Sesam und Jungzwiebelgrün bestreuen – schmeckt in Sandwiches, zu Fried Rice oder einfach pur!

Gut zu wissen: *Die übrige Sauce lässt sich mindestens vier Tage im Kühlschrank aufbewahren!*

Candy Bacon

Diese knusprig-süße Versuchung ist nicht nur für eingefleischte Bacon-Liebhaber ein wahres Fest und an Geschmack wahrlich kaum zu überbieten. Würziger Bacon mit einer karamellisierten Glasur aus Zucker und Ahornsirup machen Burger und Sandwiches im Handumdrehen zu etwas Besonderem und verleihen auch der nächsten Bloody Mary mühelos das gewisse Etwas.

Gesamtzeit	**Davon aktiv**	**Ergibt**
30 Minuten	10 Minuten	6 Stk Bacon

Zutaten

- 6 Scheiben knuspriger Schweinebauch, ca. 3 mm dick aufgeschnitten (s. S. 66)
- 4 EL Ahornsirup
- 1 TL Pfeffer
- 1 TL Cayennepfeffer
- 2 TL Salz
- etwas brauner Zucker

Zubereitung

1. Ahornsirup, Pfeffer, Cayennepfeffer und Salz sorgfältig verrühren.
2. Den Speck damit von beiden Seiten großzügig bepinseln und auf einen Gitterrost legen.
3. Mit braunem Zucker bestreuen und im Ofen bei 160 °C Heißluft 20–25 Minuten knusprig und chewy backen.

Gut zu wissen: *Wer den Boden des Backofens mit etwas Folie auslegt oder einfach einen Bräter unter den Gitterrost stellt, erspart sich mühsame Reinigungsarbeiten! Wer keinen knusprigen Schweinebauch zu Hause hat, schneidet einfach gekauften Speck in dicke Scheiben oder lässt sich den Speck direkt beim Fleischer des Vertrauens aufschneiden!*

Steak

Außen eine perfekte Kruste und innen leicht blutig – genauso sieht das perfekte Steak für mich aus. Ist aber natürlich Geschmackssache. Fragt man zehn Leute nach dem perfekten Steak, bekommt man mit höchster Wahrscheinlichkeit auch zehn unterschiedliche Antworten. Für mich hat sich diese Variante als einfachste herauskristallisiert. Sie dient als praktischer Blueprint, denn sie lässt sich auch ohne Weiteres auf Flanksteaks, Beiried, Schweinekotelettes und vergleichbare Fleischsorten anwenden. Wer sein Steak innen also lieber gleichmäßig zartrosa hat, brät es pro Seite einfach eine Minute länger. Allerdings kommt mir „well-done" nicht ins Haus, da geht's ums Prinzip. Freunde von durchgebratenem Steak geben dieses Buch also am besten direkt zurück. Wir kommen in diesem Leben sowieso nicht mehr zusammen. Habe die Ehre!

Gesamtzeit	**Davon aktiv**	**Ergibt**
30 Minuten	15 Minuten	1 Steak

Zutaten

- 400 g dry aged Rib-Eye
- etwas Salz & Pfeffer
- 1–2 EL Butterschmalz
- hochwertiges Olivenöl zum Beträufeln

Zubereitung

1. Den Backofen auf 50 °C Ober- und Unterhitze vorheizen.
2. Das Steak trocken tupfen, rundherum großzügig mit Salz bestreuen und 10 Minuten ziehen lassen.
3. Eine Pfanne – vorzugsweise aus Gusseisen – mit 1–2 EL Butterschmalz auf mittlerer bis hoher Temperatur erhitzen.
4. Sobald das Fett richtig heiß geworden ist, das Steak in die Pfanne legen.
5. Auf jeder Seite 1 Minute pro Zentimeter Fleisch anbraten und dabei nach jeder einzelnen Minute wenden. So gart das Steak gleichmäßig und bekommt am Ende die perfekte Kruste.
6. 10 Minuten auf dem Rost im Backofen rasten lassen.
7. Kurz vor dem Verzehr tranchieren und noch einmal mit Salz und Pfeffer würzen.
8. Mit etwas hochwertigem Olivenöl beträufeln und servieren.

Buttermilch-Backhendl

Wie es sich für einen Wahlsteirer gehört, landet Backhendl in regelmäßigen Abständen auf meinem Speiseplan, aber auch das amerikanische Pendant möchte ich seit meinem ersten Trip in die USA nicht mehr missen: Buttermilk Chicken. Zartes Hühnerfleisch in knuspriger Panier geht halt einfach immer! Wer mit einer Gabel vor dem Panieren in die Buttermilch-Marinade dippt und damit ein paar Tropfen in die Mehlmischung träufelt, erhält durch die entstehenden Klümpchen jede Menge Extra-Crunch.

Gesamtzeit	**Davon aktiv**	**Ergibt**
3 Stunden	15 Minuten	4 Portionen

Zutaten

Für das Fleisch:

- 4 Stück Hühneroberkeulen, ausgelöst
- 250 ml Buttermilch
- 1 Ei
- 15 g Salz
- 2 TL schwarzer Pfeffer, frisch gemahlen
- 1 gepresste Knoblauchzehe

Fürs Panieren & Frittieren:

- 150 g Mehl
- 150 g Maisstärke
- 1 TL Backpulver
- 2 TL Paprikapulver
- 1 TL Salz
- Sonnenblumen- oder Rapsöl zum Frittieren

Für das Sandwich:

- 4 Brioche-Buns (s. S. 38)
- Essiggurkerl
- Eisbergsalat
- Chili-Mayo (s. S. 52)

Zubereitung

1. Die Hühneroberkeulen gegebenenfalls von der Haut befreien.
2. Buttermilch, Ei, Salz, Pfeffer und die gepresste Knoblauchzehe in einer Schüssel verrühren und das Hühnerfleisch mindestens 2 Stunden – besser aber über Nacht – im Kühlschrank ziehen lassen.
3. Mehl, Backpulver, Stärke, Paprikapulver und Salz in einem Teller verrühren.
4. Die Hühneroberkeulen aus der Marinade nehmen und etwas abtropfen lassen.
5. In der Mehlmischung wenden und leicht abklopfen.
6. Nebeneinander auf ein Gitter legen und 10 Minuten rasten lassen – keinesfalls stapeln!
7. Öl in der Fritteuse oder in einem großen Topf auf 180 °C erhitzen und die Hühneroberkeulen darin 4–6 Minuten goldbraun frittieren. Nicht zu viele Stücke auf einmal, sonst kühlt das Öl zu schnell ab!
8. Den Backofen auf 60 °C Ober- und Unterhitze vorheizen und die bereits frittierten Stücke darin warm halten.
9. Die Buns in Butter toasten und mit in feine Streifen geschnitttenem Salat und dem Buttermilch-Backhendl füllen.
10. Mit Chili-Mayo und Essiggurkerl toppen.

Hausgemachter Leberkäs'

Leberkäs' ist nicht nur umwerfend köstlich, er gilt zu Recht als österreichisches Kulturgut – „Oder host scho vagessn, wia a Leberkas' schmeckt ausm Zeitungspapier?" Kaum ein Snack macht so schnell und unkompliziert satt bei so viel Geschmack. Hausgemachter Leberkäs' toppt dieses kulinarische Erlebnis noch um ein Vielfaches und ist überraschend einfach herzustellen.

Gesamtzeit	**Davon aktiv**	**Ergibt**
26 Stunden 45 Minuten	45 Minuten	10 Portionen

Zutaten

- 750 g Bauchfleisch
- 500 g durchzogenes, nicht zu fettes Rindfleisch
- 32 g Pökelsalz
- 320 g Eiswasser
- 50 g Maisstärke
- 7 g Backpulver

Für die Gewürzmischung:
- 2,5 g schwarzer Pfeffer
- 0,7 g Majoran
- 0,7 g Muskat
- 0,7 g Zwiebelpulver
- 0,7 g Knoblauchpulver

- etwas Pflanzenöl zum Einfetten der Form

Zubereitung

1. Für die Gewürzmischung alle zugehörigen Zutaten gut vermischen.
2. Schweine- und Rindfleisch klein würfeln.
3. Pökelsalz und Gewürzmischung verrühren, Fleisch damit vermengen und mindestens 24 Stunden im Kühlschrank ziehen lassen. Wer die Möglichkeit dazu hat, vakuumiert das marinierte Fleisch am besten.
4. 1–2 Stunden vor dem Faschieren ins Gefrierfach legen und anfrieren lassen.
5. Das Wasser mit ein paar Eiswürfeln in einen Messbecher füllen.
6. Das Fleisch mithilfe der kleinsten Scheibe des Fleischwolfs faschieren und in die Schüssel der Küchenmaschine geben.
7. Stärke und Backpulver vermengen, zum Fleisch geben und mit den Händen kurz durchkneten, damit es beim Rühren nicht staubt.
8. Bei mittlerer Stufe zu rühren beginnen und einen Schuss vom Eiswasser hinzufügen.
9. Die Geschwindigkeit auf die höchste Stufe erhöhen und 2–4 Minuten. Achtung: Das Fleisch wird durch die Reibung etwas wärmer, sollte aber zu keinem Zeitpunkt über 12 °C kommen, am besten jedoch stets unter 10 °C bleiben. Unbedingt mithilfe eines Infrarot- oder Stechthermometers nachkontrollieren.
10. Währenddessen immer wieder 1–2 Schuss Eiswasser hinzufügen.

→

Hausgemachter Leberkäs'

11. Sobald das Fleisch eine hellrosa Farbe angenommen und eine klebrig-glänzende Konsistenz bekommen hat, ist es fertig. Zur Kontrolle 1 TL vom Brät nehmen und 1 Minute in siedend heißes Wasser geben. Fällt es nicht auseinander und bekommt einen leichten Biss, ist die Konsistenz perfekt!
12. Eine Kastenform mit etwas Pflanzenöl einfetten und das Brät wuchtig hineinschlagen – das garantiert, dass sich keine Luftbläschen bilden. Wer vorab ein Blatt Backpapier auf die Backform zuschneidet und diese damit auslegt, stellt sicher, dass die Kastenform sich später leichter reinigen lässt.
13. Das Brät mit befeuchteten Händen, einer Silikonspatel oder einer Teigkarte glatt streichen und das gewünschte Muster in das Brät drücken – nicht schneiden – sonst platzt der Leberkäs' an dieser Stelle beim Backen auf.
14. Bei 160 °C Ober- und Unterhitze 60–90 Minuten backen bzw. bis dieser 70 °C Kerntemperatur erreicht hat.
15. Anschließend mit Grillfunktion etwa 5–10 Minuten bis zur gewünschten Bräunung knusprig braten.

Gut zu wissen: *Wer keine Feinwaage zu Hause hat, erhöht die Menge aller Gewürze einfach um die zehnfache Menge und bewahrt die restliche Gewürzmischung bis zum nächsten Mal auf. Für das Backen einer Ladung Leberkäs' benötigt man lediglich 4 Gramm der Gewürzmischung.*

GRAEF

Pasta Pomodoro mit Salsiccia-Meatballs

Ich liebe es, meine Leibgerichte miteinander zu kombinieren. Das spart nicht nur Zeit, sondern eröffnet einem auch völlig neue, kulinarische Perspektiven. Wer meine geröstete Paradeissauce gleich in größeren Mengen herstellt und bei der Produktion meiner Salsiccia-Meatballs direkt eine zusätzliche Ladung einplant, hat dieses gleichsam einfache wie köstliche Gericht in Windeseile zubereitet und freut sich auch nach einem langen Tag über ein frisch gekochtes Abendessen.

Gesamtzeit	**Davon aktiv**	**Ergibt**
30 Minuten	30 Minuten	2 Portionen

Zutaten

- 250 g Spaghetti
- 400 g geröstete Paradeissauce (s. S. 55)
- 10 g frisch geriebener Parmesan
- 3 TL Zucker
- ½ Zitrone (Saft)
- ½ TL getrockneter Oregano
- 1 EL kalte Butter
- 1 EL gereifter Balsamico
- Salz & Pfeffer
- 2 Stk. Burrata
- 8 Meatballs (s. S. 34)
- etwas Olivenöl
- etwas frisch gehobelter Parmesan
- frischer Basilikum

Zubereitung

1. Die Pasta in Salzwasser al dente kochen.
2. Die Paradeissauce mit Parmesan, Zucker, Zitronensaft, Oregano sowie einer Prise Salz und Pfeffer in einen Topf geben.
3. Einen Schuss Olivenöl hinzufügen und 3–4 Minuten leicht köcheln lassen.
4. Mit dem Stabmixer pürieren und durch ein feines Sieb passieren.
5. Die Butter und den Balsamico einrühren.
6. Sobald die Spaghetti al dente sind, mit Hilfe einer Schaumkelle in den Topf mit der Paradeissauce schöpfen.
7. Eine Tasse Nudelwasser hinzufügen, alles verrühren und so lange köcheln lassen, bis die Sauce cremig geworden ist und schön an der Pasta haften bleibt.
8. Mit jeweils 4 Salsiccia-Meatballs und 1 Stück Burrata toppen. Für den finalen Touch Finesse mit etwas Olivenöl, frischem Basilikum und frisch gehobeltem Parmesan garnieren.

Zweierlei Pizzateig

Nach etlichen Versuchen und wertvollen Tipps von bekannten Köchen, Bäckern und versierten Freunden wage ich zu behaupten, meinen persönlichen heiligen Gral des Pizzabackens endlich gefunden zu haben: Pizzateig mit Sauerteig. Das liegt nicht zuletzt an der Tatsache, dass ich nur äußerst ungern etwas wegwerfe oder schlecht werden lasse und man für die Zubereitung von Pizza einfach nur sehr wenig von einem 42 Gramm schweren Germwürfel benötigt. Natürlich habe ich aber auch eine erprobte Variante mit Germ parat, letztendlich ist es nämlich egal, ob Sauer- oder Germteig – das Wichtigste beim Pizzabacken ist, dem Teig Zeit zu geben, denn nur so kann er seinen vollen Geschmack entfalten und genau so werden, wie er eben sein soll: außen dünnwandig und knusprig, innen luftig-locker und weich.

→

Pizzateig mit Sauerteig

Gesamtzeit	**Davon aktiv**	**Ergibt**
22 Stunden	60 Minuten	6 Pizzen

Zutaten

Für den Vorteig:

- 45 g reifer Sauerteig
- 80 g Weizenmehl (W 700 / T 550, universal oder Tipo 00)
- 80 g lauwarmes Wasser

Für den Hauptteig:

- 920 g Weizenmehl (W 700 / T 550, universal oder Tipo 00)
- 550 g sehr kaltes Wasser
- 30 g Salz

Sonstiges:

- 1 Schüssel mit etwas Semola (gemahlener Hartweizengrieß)

Zubereitung

Vorteig

1. Den Sauerteig mit Mehl und Wasser in ein Glas geben und glatt rühren.
2. 4–5 Stunden zugedeckt bei Raumtemperatur aufgehen lassen, bis er die doppelte Größe erreicht hat.

Hauptteig:

3. Mehl und Wasser in der Küchenmaschine mit dem Knethaken grob durchkneten.
4. Dabei muss der Teig nicht glatt geknetet werden und kann ruhig etwas klumpig bzw. bröselig sein.
5. Zugedeckt 30 Minuten ruhen lassen.

Pizzateig:

6. Den Vor- zum Hauptteig geben und 4–5 Minuten kneten.
7. Das Salz hinzufügen und weitere 2–5 Minuten sorgfältig zu einer glatten Kugel kneten. Darauf achten, dass der Teig zu keinem Zeitpunkt wärmer als 28 °C wird.
8. Den Pizzateig in eine eingeölte Schüssel legen und zugedeckt 30 Minuten bei Raumtemperatur rasten lassen.
9. Den Teig falten (s. S. 21) und danach zugedeckt 45 Minuten rasten lassen. Diesen Schritt dreimal in den nächsten Stunden wiederholen. Nach dem vierten Faltvorgang wird der Teig mit der Teigkarte zu einer Kugel geformt und darf ein letztes Mal zugedeckt 45 Minuten bei Raumtemperatur rasten.

→

Pizzateig mit Sauerteig

Portionieren

10. Den Pizzateig in gleich große, 280–300 g schwere Stücke teilen.
11. Jedes Stück von außen nach innen falten, wenden und zu einer Teigkugel formen.
12. Die Teiglinge in einer leicht mit Semola bemehlten Pizzabox oder einem Bräter platzieren, mit Folie oder einem Deckel abdecken und mindestens 12 Stunden im Kühlschrank reifen lassen.

Pizza backen

13. Die Box mit den Teiglingen 1–2 Stunden vor dem Pizzabacken aus dem Kühlschrank nehmen.
14. Den Pizza- oder Backofen vorheizen.*
15. Den ersten Teigling in der Box mit Semola bestreuen, mit einer Spachtel von den anderen Teiglingen trennen bzw. abstechen und zügig in die Schüssel mit Semola legen.
16. Darin wenden und auf die Arbeitsfläche legen. So ist der etwas klebrige Teig schön bemehlt und lässt sich besser weiterverarbeiten. Sollte der Teig während des Verarbeitens klebrig werden, einfach erneut kurz in Semola wenden bzw. leicht damit bestreuen.
17. Den Teigling von innen nach außen zu einer schönen Pizza formen. Dabei stets mit den Fingern flach von innen nach außen drücken. So befördert man die Luft nicht aus dem Teig, sondern direkt in den Rand! Der Boden in der Mitte sollte schließlich hauchdünn, der Rand schön dick sein.
18. Auf die bemehlte Pizzaschaufel ziehen und nach Wunsch belegen.
19. Die Pizza luftig und knusprig backen.*
20. Mit den anderen Teiglingen wiederholen.

*

Ich backe Pizza am liebsten im Pizzaofen. Diese Öfen erreichen bis zu 500 °C und garantieren in nur 60–90 Sekunden ein perfektes Ergebnis. Wer keinen Pizzaofen hat, sollte sich schnellstens einen anschaffen. Die folgenden Lösungen führen zwar zu einer Pizza, die alles andere als schlecht ist, sind aber einfach kein Ersatz für einen Pizzaofen. Hohe Temperaturen sind hier einfach das A und O. Wer denkt, diese auch mit dem Gas- oder Kohlegrill erreichen zu können, irrt. Die Gegebenheiten sind einfach nicht dieselben. Nichtsdestotrotz: Pizza lässt sich auch auf dem Grill (ca. 350 °C etwa 5 Minuten) oder im Backofen zubereiten. Bei letzter Variante empfehle ich auf jeden Fall die Anschaffung eines Pizzasteins – 30 Minuten auf maximaler Temperatur (am besten Grillen + Umluft) vorheizen und etwa 5–7 Minuten backen.

Pizzateig mit Germ

Gesamtzeit
25 Stunden

Davon aktiv
60 Minuten

Ergibt
6 Pizzen

Zutaten

- 1 kg Weizenmehl (W 700, T 550 oder Tipo 00)
- 3 g frische Germ ODER 1 g Trockengerm
- 30 g Salz
- 660 g kaltes Wasser
- 1 Schüssel mit etwas Semola

Zubereitung

1. Das Mehl in die Schüssel einer Küchenmaschine geben.

2a. Variante 1: Die Trockengerm gleich unter das Mehl mischen.

2b. Variante 2: Die frische Germ im Wasser zwischen den Fingern auflösen.

3. Das Wasser in beiden Fällen mit dem Mehl 4–5 Minuten in der Küchenmaschine kneten.
4. Das Salz hinzufügen und weitere 2–5 Minuten sorgfältig zu einer glatten Kugel kneten. Dabei stets darauf achten, dass der Teig nie wärmer als 28 °C wird.
5. Den Teig jetzt zu einer geschmeidigen Kugel formen, in eine eingeölte Schüssel oder eine Teigkiste geben, verschließen und mindestens 12–24 Stunden **im Kühlschrank** gehen lassen.
6. Den Pizzateig am nächsten Tag in gleich große, 280–300 g schwere Stücke teilen.
7. Jedes Stück von außen nach innen falten, wenden und zu einer Teigkugel formen.
8. Die Teiglinge mit etwas Abstand zueinander in einer mit Semola bemehlten Pizzabox oder einem Bräter platzieren, mit Folie oder einem Deckel abdecken und dann 12–24 Stunden erneut im Kühlschrank gehen lassen. Wer es eilig hat, lässt die Teiglinge einfach 6 Stunden bei Raumtemperatur gehen!
9. Die Box 1–2 Stunden vor dem Pizzabacken aus dem Kühlschrank nehmen.

→

Pizzateig mit Germ

10. Den Pizza- oder Backofen vorheizen.*
11. Den ersten Teigling mit Semola bestreuen, mit einer Spachtel von den anderen Teiglingen trennen bzw. abstechen und zügig in die Schüssel mit Semola legen.
12. Darin wenden und wieder auf die Arbeitsfläche legen. So ist der Teig schön bemehlt und lässt sich leichter weiterverarbeiten.
13. Den Teigling von innen nach außen zu einer schönen Pizza formen. Dabei stets mit den Fingern flach von innen nach außen drücken, um die Luft nicht aus dem Teig, sondern direkt in den Rand zu drücken. Der Boden in der Mitte sollte schließlich hauchdünn, der Rand schön dick sein.
14. Auf die bemehlte Pizzaschaufel ziehen und nach Wunsch belegen.
15. Die Pizza luftig und knusprig backen*.
16. Mit den anderen Teiglingen wiederholen.

* *Ich backe Pizza am liebsten im Pizzaofen. Diese Öfen erreichen bis zu 500 °C und garantieren in nur 60–90 Sekunden ein perfektes Ergebnis. Wer keinen Pizzaofen hat, sollte sich schnellstens einen anschaffen. Die folgenden Lösungen führen zwar zu einer Pizza, die alles andere als schlecht ist, sind aber einfach kein Ersatz für einen Pizzaofen. Hohe Temperaturen sind hier einfach das A und O. Wer denkt, diese auch mit dem Gas- oder Kohlegrill erreichen zu können, irrt. Die Gegebenheiten sind einfach nicht dieselben. Nichtsdestotrotz: Pizza lässt sich auch auf dem Grill (ca. 350 °C etwa 5 Minuten) oder im Backofen zubereiten. Bei letzter Variante empfehle ich auf jeden Fall die Anschaffung eines Pizzasteins – 30 Minuten auf maximaler Temperatur (am besten Grillen + Umluft) vorheizen und etwa 5-7 Minuten backen.*

Pizza Margherita

Dolce far niente: Keine andere Pizza ist so beliebt wie dieser allerorts gefeierte Klassiker. Innen fluffiger, außen knuspriger Teig, fruchtig-frische Paradeissauce, bester Mozzarella und feinstes Olivenöl sind halt schlagende Argumente. Wer eine richtig gute Pizza Margherita backen möchte, sollte vor allem bei der Auswahl der Zutaten Acht geben. Gerade eine so puristische Variante verlangt nach kompromissloser Qualität.

Gesamtzeit	**Davon aktiv**	**Ergibt**
20 Minuten	20 Minuten	1 Pizza

Zutaten

- 1 Pizzateigling (s. S. 86 oder 90)
- 3–4 EL Pizzasauce (s. S. 56)
- 80 g Mozzarella
- Olivenöl zum Beträufeln
- 2 EL frisch geriebener Parmesan
- etwas frischer Basilikum

Zubereitung

1. Den Mozzarella in kleine Stücke zupfen und in einem Sieb abtropfen lassen – am besten über Nacht, so lässt sich eine nervige Pfütze aus Salzlake garantiert vermeiden.
2. Den Teigling in etwas Semola wenden und auf einer bemehlten Arbeitsfläche zu einer Pizza formen. Dabei stets mit den Fingern flach von innen nach außen drücken, um die Luft nicht aus dem Teig, sondern direkt in den Rand zu drücken. Der Boden in der Mitte sollte schließlich hauchdünn, der Rand schön dick sein.
3. Einen Pizzaschieber bemehlen und den Rohling vorsichtig und zügig draufziehen.
4. Die Pizzasauce und den Mozzarella darauf verteilen und den Parmesan darüberstreuen.
5. Die Pizza schön knusprig backen, mit etwas Olivenöl beträufeln und mit frischem Basilikum garnieren.

Gut zu wissen: *Wer getrockneten Fior di Latte (Mozzarella) verwendet, spart sich das Abtropfen. Dieser ist mittlerweile schon in jedem gut sortierten Großhandel, in dem ein oder anderen Supermarkt, etlichen Delikatessen-Shops und natürlich im Internet erhältlich.*

VIE
HR

Cockails und Dessert

Die Straßenbahn fährt einem direkt vor der Nase davon, alle Parkplätze vor dem Büro sind besetzt, Kunden „straight from hell“ nerven auch nach Ladenschluss und es will und will einfach nichts gelingen. Solche Tage aus der Hölle schreien abends nach mindestens einem, eher aber zwei oder drei Drinks, wenn man sie schon nicht nachträglich aus dem Kalender streichen kann. Für sie wurden Cocktails erfunden – oder aber Desserts. Wer mich kennt, weiß, dass ich eher für Ersteres zu haben bin, im Zweifelsfall aber auch für Jiggly Cheesecake – unerreicht flaumigen Käsekuchen, der nicht nur in Windeseile zubereitet, sondern auch ebenso schnell verputzt ist. Aber egal, wofür man sich entscheidet, nichts tröstet verlässlicher als ein gut durchdachtes Betthupferl.

ZUM OWEKUMMAN

Rum Sour

Zwar war ich nie ein leidenschaftlicher Whiskey-Trinker, Whiskey Sour hat es mir aber auf Anhieb angetan. Sauer macht eben lustig! Es war also nur eine Frage der Zeit, bis ich diesen an meine persönlichen Vorlieben angepasst und den Whiskey durch Rum ersetzt habe – 1 Liebe.

Gesamtzeit	**Davon aktiv**	**Ergibt**
5 Minuten	5 Minuten	1 Cocktail

Zutaten

- 50 ml Spiced Rum
- 40 ml Limettensaft
- 20 g Honig
- 1 Eiklar
- 6 Eiswürfel

Zubereitung

1. Rum, Limettensaft, Honig und Eiklar in einen Shaker füllen und 30 Sekunden fest schütteln.
2. Die Eiswürfel hinzufügen und noch einmal fest schütteln, bis der Drink eiskalt ist.
3. In ein Glas füllen und genießen.

Gut zu wissen: *Wer eine glattere und gleichmäßigere Konsistenz erhalten möchte, gießt das Eiweiß durch ein feines Sieb. Dieses findet man in jedem gut sortieren Supermarkt und natürlich in einschlägigen Shops im Internet!*

Wermut Soda

Feine Kräuter, herbes Tonic, frische Limette und die unverwechselbare Süße von Wermut – wer diesen Klassiker noch nicht probiert hat, sollte das schnellstmöglich nachholen. Dieses Rezept entstand eines Sommerabends, als mir mal wieder der geliebte Gin ausging. Seither gehört es bis heute zu meinen absoluten Cocktail-Favoriten.

Gesamtzeit	**Davon aktiv**	**Ergibt**
10 Minuten	10 Minuten	1 Cocktail

Zutaten

- 80 ml Wermut Rosso
- 100 ml Soda
- 100 ml Tonic
- 1 Limette
- frischer Rosmarin
- Eiswürfel

Zubereitung

1. Die Limette heiß waschen und trockenreiben.
2. Die Schale dünn – am besten in ein bis zwei Strängen – abschälen. Achtung: Nur den grünen Teil der Schale!
3. Ein Longdrinkglas zur Hälfte mit Eiswürfeln befüllen.
4. Wermut eingießen, Limettensaft hinzufügen, alles verrühren und mit Soda und Tonic aufgießen.
5. Die Limettenzesten über dem Drink auspressen, um so die ätherischen Öle darüber zu verteilen.
6. Mit den ausgepressten Zesten und dem Rosmarin garnieren.

Roasted Tangerine-Gin mit Thymian

Wer auf fruchtige Karamellnoten, fein-herbe Geschmacksnuancen und jede Menge Fruchtaroma steht, sollte diesem unvergleichlichen Cocktail unbedingt eine Chance geben. Schmeckt sowohl in der heißen als auch in der kalten Jahreszeit.

Gesamtzeit	**Davon aktiv**	**Ergibt**
10 Minuten	10 Minuten	1 Cocktail

Zutaten

- 50 ml Gin
- 180 ml Tonic
- 3 Scheiben frische Mandarine
- frischer Thymian
- 1 Spritzer Zitronensaft
- Eiswürfel

Zubereitung

1. Eine beschichtete Pfanne bei mittlerer bis hoher Temperatur erhitzen.
2. Die Mandarinenscheiben 2–3 Minuten pro Seite rösten, bis sie dunkle Stellen aufweisen und der Zucker im ausgetretenen Saft karamellisiert. Keine Sorge, dieser süße Geruch ist unverkennbar!
3. Ein Longdrinkglas zu zwei Drittel mit Eiswürfeln füllen und zwei der Scheiben hineinpressen.
4. Einen Spritzer Zitronensaft hinzufügen – sollte die Mandarine nicht sauer genug sein.
5. Gin eingießen, alles verrühren und mit Tonic aufgießen.
6. Mit 3–4 Stielen frischem Thymian und der letzten Mandarinenscheibe servieren.

Japanischer Cheesecake

Als meine Frau und ich nach langem Fernweh endlich Japan bereisten, stießen wir in einer kleinen Bäckerei in Osaka auf eine einzigartige Köstlichkeit, die wir bis dahin nur aus Social Media-Netzwerken kannten und seitdem nie wieder missen möchten: Jiggly Cheesecake. Unerreicht flaumig und augenscheinlich easy in der Zubereitung, war mir eines schon beim ersten Bissen klar: Den back' ich zu Hause nach. Natürlich erst, nachdem ich mir Nachschlag besorgt hatte.

Gesamtzeit	**Davon aktiv**	**Ergibt**
2 Stunden	45 Minuten	1 Cheesecake

Zutaten

- 110 ml Milch
- 140 g Frischkäse
- 45 g Butter
- 45 g Mehl
- 15 g Stärke
- 90 g Staubzucker
- 5 Eier
- Öl zum Einfetten

Zubereitung

1. Ein tiefes Backblech oder einen großen Bräter in den Backofen stellen und etwa 2 cm hoch mit heißem Wasser füllen.
2. Den Backofen auf 150 °C Ober- und Unterhitze vorheizen.
3. Die Milch, den Frischkäse und die Butter in einem Topf bei niedriger Temperatur erhitzen – nicht köcheln lassen!
4. Alles zu einer homogenen Masse verrühren und in eine große Schüssel gießen.
5. Etwas abkühlen lassen.
6. Die Eier trennen und die Dotter in die lauwarme Masse einrühren.
7. Das Mehl und die Stärke in die Schüssel sieben und einrühren, bis ein glatter Teig entsteht.
8. Eine 18 cm große Springform außen doppelt mit Alufolie umwickeln. Dabei darauf achten, dass die Folie keine Risse aufweist. Sie dichtet die Springform rundherum ab!
9. Die Form gut mit Öl einfetten, damit das Backpapier haften bleibt.
10. Den Boden der Form mit passend ausgeschnittenem, rundem Backpapier und die Wand mit einem Streifen Backpapier auslegen. Wer auf Nummer sicher gehen will, fettet das Backpapier nun zusätzlich ein, damit der Teig sich noch etwas leichter aus der Form lösen lässt.

→

Japanischer Cheesecake

11. Das Eiklar mit einem Handmixer schaumig schlagen und dann den Zucker hinzufügen.
12. So lange weiterschlagen, bis sich feine Spitzen aus der Masse ziehen lassen und sie zu festem, glänzendem Eischnee geworden ist.
13. Den Eischnee dann in 3–4 Portionen mithilfe eines Silikonspatels vorsichtig unter die Masse heben.
14. Den Teig in die Form gießen und ein- bis zweimal fest auf dem Tisch aufklopfen, um alle großen Bläschen aus dem Teig zu bekommen.
15. Ins Wasserbad (Bräter, tiefes Backblech) stellen und den Cheesecake 1 Stunde und 15 Minuten backen. Dabei geht die Masse ordentlich auf.
16. Den Backofen ausschalten und den Cheesecake noch weitere 5 Minuten darin stehen lassen.
17. Aus dem Ofen nehmen, die Springform öffnen und rundherum das Backpapier abziehen.
18. Auf einen Teller legen und mit Staubzucker bestreuen – am besten noch warm genießen.

Gut zu wissen: *Ob als Kompott, Sauce oder einfach so - die leicht säuerliche Note von Beeren verleiht diesem Cheesecake eine fruchtige Würze und gleicht seinen süßen Geschmack wunderbar aus.*

ME
HR

(Kater-)Frühstück

Frühstück ist bekanntermaßen die wichtigste Mahlzeit des Tages. Grund genug, ihr ein eigenes Kapitel zu widmen. Außerdem: Was wäre ein Kochbuch mit meinen liebsten Rezepten ohne köstliche English Muffins, dekadente Eggs Benedict, zuckrig-feine Belgische Waffeln, cremigen Irish Coffee und ohne eine richtig nice Bloody Mary? Eben – unvollständig. Egal, ob nach einer durchzechten Nacht, fürs sonntägliche Rumlungern im Bett oder an Tagen, die vielleicht – aus Gründen – etwas später starten als üblich: Ich liebe ausgiebiges Frühstück und habe natürlich auch für alle Situationen ein passendes Rezept parat. Manchmal braucht's eben einfach mehr als die obligatorische Tasse Kaffee, um in die Gänge zu kommen.

ZUM AUFSTEHN

English Muffins

English Muffins sind – sofern gut gemacht – ein absoluter Frühstücks-Gamechanger. Ob mit Butter, hausgemachter Marmelade, Schokoaufstrich, Schinken, Käse oder pur – sie schmecken einfach immer und sind unglaublich vielseitig einsetzbar. Leider sind sie in unserer Gegend kaum zu bekommen, weshalb mir rasch klar war, dass ich hier selbst Hand anlegen muss. Was soll ich sagen? Der Aufwand ist die Mühe allemal wert.

Gesamtzeit	**Davon aktiv**	**Ergibt**
2 Stunden	30 Minuten	8 Muffins

Zutaten

- 300 g Mehl, Universal
- 3 g Trockengerm
- 10 g Salz
- 15 g Zucker
- 20 g weiche Butter
- 1 Ei
- 180 ml Milch (Zimmertemperatur)
- etwas Semola

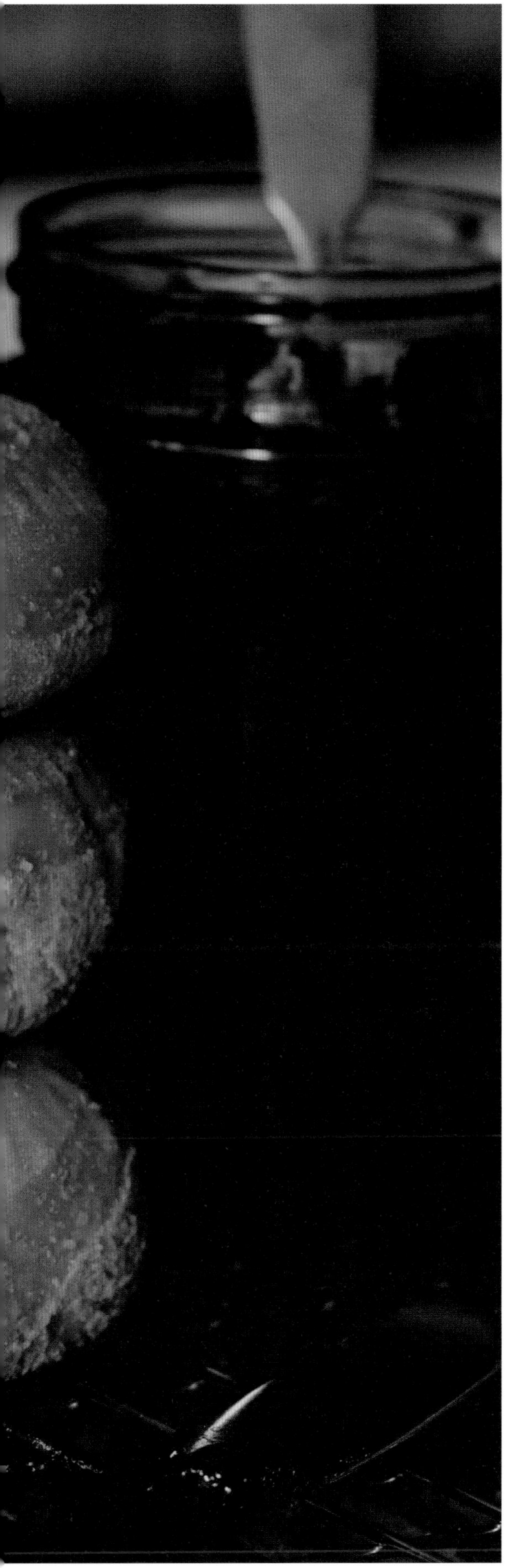

Zubereitung

1. Das Mehl gemeinsam mit der Trockengerm, dem Salz und dem Zucker kurz mithilfe eines Schneebesens in der Schüssel der Küchenmaschine verrühren.
2. Diese auf niedrige Geschwindigkeit einschalten und nach und nach Milch eingießen.
3. Grob verkneten und das Ei hinzufügen.
4. Die Butter zugeben und weitere 5–8 Minuten kneten.
5. Den Teig in eine eingeölte Schüssel geben und 1 Stunde bei Raumtemperatur gehen lassen, bis er die doppelte Größe erreicht hat.
6. Den Teig auf eine mit Semola bemehlte Arbeitsfläche stürzen und 2–3 cm dick ausformen bzw. vorsichtig mit einem Nudelholz ausrollen.
7. Mit etwas Semola bestreuen und mit einer runden Ausstechform, einem Dessertring (ca. 8 cm Durchmesser) oder Ähnlichem 8 Scheiben ausstechen.
8. Die Muffins auf die bemehlte Arbeitsfläche legen, zudecken und weitere 30 Minuten gehen lassen.
9. Eine beschichtete Pfanne bei mittlerer Temperatur und ohne Öl erhitzen.
10. Die Muffins 4–6 Minuten pro Seite backen.
11. Rundherum mit einer Gabel einstechen und einfach in zwei Hälften reißen.
12. Mit Butter bestreichen und toasten oder einfach gleich so genießen.

Eggs Benedict

Hausgemachte English Muffins treffen auf kandierten Speck, pochiertes Ei und aromatische Nussbutter-Mayo – mehr ist eben einfach mehr. Eggs Benedict sind nicht nur das perfekte Katerfrühstück, sie schmecken einfach immer und zu jeder Tageszeit.

Gesamtzeit	**Davon aktiv**	**Ergibt**
15 Minuten	15 Minuten	1 Egg Benedict

Zutaten

- 1 English Muffin (s. S. 110)
- etwas Butter zum Toasten
- 1 Ei
- 1 EL Nussbutter-Mayo (s. S. 53)
- 1 Scheibe Candy Bacon (s. S. 72)
- 1 Schuss Weißweinessig
- etwas Salz
- Jungzwiebelgrün zum Garnieren

Zubereitung

1. Einen kleinen Topf Wasser mit einer Prise Salz und einem ordentlichen Schuss Weißweinessig zum Kochen bringen.
2. Die Temperatur zurückdrehen, sodass das Wasser nicht mehr kocht.
3. Das Ei in eine kleine Tasse schlagen und das Wasser im Topf so lange rühren, bis ein Strudel entsteht.
4. Das Ei vorsichtig aus der Tasse in das Zentrum des Strudels gleiten lassen. Dabei am besten mit der Tasse ein wenig ins Wasser tauchen, um das Ei so sanft wie möglich zu platzieren.
5. 4–6 Minuten ziehen lassen – der Dotter muss schließlich flüssig bleiben.
6. Den English Muffin aufschneiden und auf den Schnittflächen in Butter toasten – das klappt am besten in der Pfanne.
7. Das pochierte Ei auf eine Hälfte des English-Muffins setzen und mit Nussbutter-Mayo toppen.
8. Den Speck drauflegen, mit Jungzwiebelgrün garnieren und mit der zweiten Muffin-Hälfte abschließen.

Belgische Waffeln

Gegen Waffeln hegte ich lange eine Abneigung, weil man hierzulande leider in den meisten Fällen lediglich Palatschinken in Waffelform serviert bekommt. Belgische Waffeln sind da schon etwas völlig anderes – außen knusprig, innen fluffig, buttrig-feiner Geschmack und karamellisierte Zuckerstücke, die bei jedem Bissen für jede Menge Extra-Crunch sorgen.

Gesamtzeit	Davon aktiv	Ergibt
80 Minuten	20 Minuten	10 Waffeln

Zutaten

- 250 g Mehl, Universal
- 30 g Zucker
- 3 g Trockengerm
- 80 g Vollmilch (Zimmertemperatur)
- 3 Eier
- 120 g geschmolzene, abgekühlte Butter
- 1 TL Vanilleextrakt
- ½ TL Salz
- 70 g Hagelzucker
- Topping(s) nach Geschmack

Zubereitung

1. Mehl, Zucker, Trockengerm und Salz in einer Schüssel verrühren.
2. Eier, Milch, Butter und Vanille hinzufügen und mit den Knethaken eines Handmixers kneten, bis der Teig schön dick und klebrig geworden ist.
3. Die Schüssel mit Folie zudecken und den Teig 1–2 Stunden gehen lassen.
4. Den Hagelzucker danach vorsichtig unter den Teig heben.
5. Das Waffeleisen vorheizen.
6. 2–3 EL Teig 3–4 Minuten backen, bis die Waffeln goldbraun gebacken sind.
7. Nach Herzenslust toppen!

Gut zu wissen: *Ob Schokoaufstrich, Marmelade, Eiscreme oder Schlagobers - Waffeln lassen sich nach Lust und Laune toppen. Nicht vergessen: Mehr is' mehr!*

Irish Coffee

Irish Coffee ist selbst für weniger passionierte Whiskey-Trinker wie mich ein wahrer Hochgenuss. Ich habe diese köstliche Kaffee-Variation in Dublin für mich entdeckt – in der „The Library Bar". Ein paar Stufen nach oben, bei der kleinen Hotelrezeption vorbei und direkt in eine Bar bzw. Bibliothek – typisch rustikal, typisch irisch eben. Genau wie Irish Coffee. Danke Hannes, dass du mir damals zu dieser Köstlichkeit geraten hast, obwohl ich kurz an dir gezweifelt habe, da die Nacht zuvor für meinen Geschmack schon whiskeygetränkt genug ausgefallen ist. Kräftiger Kaffee trifft auf aromatischen Whiskey und süße Creme – ein großartiges Heißgetränk, das einem ganz warm ums Herz werden lässt.

Gesamtzeit
15 Minuten

Davon aktiv
15 Minuten

Ergibt
1 Irish Coffee

Zutaten

- 1 doppelter Espresso
- 100 ml heißes Wasser
- 40 g gezuckerte Kondensmilch
- 50 ml Vollmilch
- 50 ml Schlagobers
- 40 ml Irish Whiskey

Zubereitung

1. Zuerst einen doppelten Espresso zubereiten und ihn mit 100 ml heißem Wasser aufgießen.
2. Die Kondensmilch ins Irish-Coffee-Glas füllen und vorsichtig zuerst den heißen Kaffee und danach den Whiskey in die Mischung gießen.
3. Schlagobers und Milch kurz verrühren und mit der Dampflanze der Kaffeemaschine oder einem Milchaufschäumer aufschäumen.
4. Den Milchschaum vorsichtig über den Rücken eines Löffels in den Kaffee gießen, sodass er sich nicht gleich mit den anderen Zutaten vermengt.
5. Servieren, umrühren und sofort genießen!

Bloody Mary

Wer nach einer durchfeierten Nacht schon mal eine Bloody Mary genossen hat, wird nie wieder darauf verzichten wollen. Sie repariert den geschundenen Körper in Nullkommanix und schmeckt dabei schlichtweg fantastisch. Ein wahrer Klassiker, und das völlig zu Recht. Einer meiner absoluten All-time-Favorites – nicht nur auf Reisen. Mein Motto: Never skip a bloody Mary!

Gesamtzeit	**Davon aktiv**	**Ergibt**
10 Minuten	10 Minuten	1 Cocktail

Zutaten

Für die Bloody Mary:

- 500 ml Tomatensaft
- 5 g frischer Kren
- 15 ml Sojasauce
- 1 TL Hot Sauce
- 50 ml Zitronensaft
- 70 ml Orangensaft
- 10 g Salz (am besten Sellerie-Salz!) + etwas Salz zum Abschmecken
- ½ TL Knoblauchpulver
- 15 g brauner Zucker
- 2–3 EL Essiggurkerl-Wasser
- ½ TL schwarzer, frisch gemahlener Pfeffer
- 100 ml Vodka
- Eiswürfel

Zum Garnieren:

- 1 kleiner Spieß mit Oliven, Sardellen & Essiggurkerl
- 1 dünne Stange Sellerie
- Candy Bacon (s. S. 72)

Zubereitung

1. Alle Zutaten in einen Messbecher füllen und mit dem Stabmixer mixen.
2. Eventuell mit mehr Salz und Zucker abschmecken.
3. 2–3 Eiswürfel in ein vorgekühltes Longdrinkglas füllen und mit der Bloody Mary aufgießen.
4. Mit dem vorbereiteten Spieß, der dünnen Stange Sellerie und dem Candy Bacon toppen.

VIE
HR

Ausgewogene Gerichte

Hier und da hat selbst meine nimmersatte Wenigkeit das Bedürfnis, eine etwas leichtere, ausgewogene Mahlzeit zu sich zu nehmen. Das bedeutet aber keineswegs, dass ich dabei auf Geschmack verzichten würde. Im Gegenteil. So ist beispielsweise Pho für mich ein schlagender Beweis, dass ausgewogene Küche mitnichten fad daherkommen muss. Buntes Gemüse, kräftigender Fond und jede Menge Proteine bei vollstem Aroma sprechen einfach Bände und sorgen selbst an aussichtslos erscheinenden Tagen für unerwartete Energien. Wer wie ich ab und zu ein bisserl zu großzügige Portionen verputzt, wird bekömmliche Gerichte wie meine aromatische Paradeissuppe und meinen allseits beliebten gegrillten Salat außerdem mehr als zu schätzen wissen. Sie sorgen für jede Menge Abwechslung auf dem Speiseplan und schmecken bei geringem Aufwand schlichtweg fantastisch.

ZUM AUSGLEICH

Pho

Pho. Allein der Klang dieser Köstlichkeit löst bei mir regelrechte Glücksgefühle aus – und das bereits seit meinem ersten Aufenthalt in Vietnam. Kräftiger Fond kombiniert mit zartem Fleisch und jeder Menge frischer Toppings – wer kann da schon Nein sagen? Mehr Geschmack passt in keinen Teller.

Gesamtzeit	Davon aktiv	Ergibt
5 Stunden 45 Minuten	45 Minuten	10 Portionen

Zutaten

Für die Suppe:

- 1 große Zwiebel
- 60 g Ingwer mit Schale
- 1 kg Fleisch am Knochen (Beinfleisch + Schlepp)
- 500 g Markknochen
- 650 g Suppenfleisch, z. B. weißes Scherzel oder hinteres Ausgelöstes
- 2 Jungzwiebeln
- 2 EL Fischsauce
- 2 EL brauner Zucker
- 1 Stangensellerie
- 3,5 l Wasser
- 1 Zimtstange
- 4 Nelken
- 2 TL Koriandersamen
- 3 Sternanis

Sonstiges:

- mehr Salz und Fischsauce zum Abschmecken

Toppings:

- 1 weich gekochtes Ei pro Portion
- frischer Koriander
- frische Chiliringe
- gekochtes Rindfleisch von der Suppe
- Sriracha für mehr Schärfe
- ¼ Limette pro Portion
- Jungzwiebeln, in Ringe geschnitten
- 80 g Reisnudeln (Bandnudeln pro Portion)

Zubereitung

1. Die Zwiebeln ungeschält halbieren und in einer beschichteten Pfanne bei mittlerer bis hoher Temperatur 4–5 Minuten schwarz rösten.
2. Den Ingwer der Länge nach halbieren und ebenfalls rösten, bis er braune Stellen bekommt und es erkennbar nach Ingwer duftet.
3. Das Beinfleisch und die Markknochen unter kaltem Wasser abspülen und abtropfen lassen.
4. Das Suppenfleisch gegebenenfalls zuputzen und überschüssiges Fett sowie die Silberhaut trimmen.
5. Zimtstange, Nelken, Koriandersamen und Sternanis in einer Pfanne ohne Öl rösten, bis das Aroma in die Nase steigt.

Pho

6. Alle Zutaten für die Suppe in einen großen Topf geben und mit kaltem Wasser übergießen, sodass sie vollständig bedeckt sind.
7. Bei hoher Temperatur erhitzen, bis das Wasser fast zu kochen beginnt.
8. Die Temperatur zurückdrehen und 1,5 Stunden sieden lassen. Währenddessen immer wieder den Schaum von der Oberfläche abschöpfen – so bleibt die Suppe am Ende schön klar.
9. Das Suppenfleisch herausnehmen, in ein verschließbares Gefäß geben und für später als Suppeneinlage aufheben. Nicht bis zum Ende mitkochen, sonst wird es zu trocken!
10. Weitere 3,5 Stunden bei geringer Hitze ziehen lassen.
11. Alle Zutaten mithilfe einer Schaumkelle aus der Suppe abschöpfen.
12. Die Suppe anschließend durch ein Passiertuch oder ein feines Sieb abseihen und mit Salz abschmecken.
13. Die Reisnudeln in gesalzenem Wasser kochen.
14. Die Reisnudeln, das dünn aufgeschnittene Rindfleisch, die Jungzwiebelringe und die Chiliringe in einen Suppenteller geben.
15. Mit der Suppe übergießen.
16. Mit weichem, halbiertem Ei, jeder Menge frischem Koriander und Sriracha toppen.
17. Mit einer ¼ Limette pro Portion servieren.

Gut zu wissen: *Die übrige Suppe lässt sich wunderbar einfrieren und bei Bedarf auftauen - perfekt für den stressigen Alltag!*

Paradeissuppe

Oft sind die schlichtesten Gerichte die besten – vor allem, wenn man sie geschickt kombiniert. Diese gleichsam einfache wie aromatische Paradeissuppe überzeugt geschmacklich auf ganzer Linie und wird im Doppel mit knusprigem Grilled Cheese zum wahren Hochgenuss. Der kommt zwar nicht mehr ganz so leicht daher, spielt aber zweifelsohne in einer eigenen Liga.

Gesamtzeit	**Davon aktiv**	**Ergibt**
20 Minuten	20 Minuten	4 Portionen

Zutaten

- 2 EL Öl
- 1 Knoblauchzehe
- 750 g geröstete Paradeissauce (s. S. 55)
- 20 g Parmesan
- ½ Bund frischer Basilikum samt Stängel
- 1 TL Chilisauce
- 1 EL brauner Zucker
- 1 Zitrone (Saft)
- 2 EL gereifter Balsamico
- etwas Salz
- etwas Pfeffer
- 125 g Crème fraîche

Zubereitung

1. Das Öl bei mittlerer bis hoher Temperatur erhitzen und den fein gehackten Knoblauch dünsten, bis die Küche zu duften beginnt.
2. Paradeissauce, Basilikum samt Stängel, Chilisauce, Zucker, Zitronensaft, Balsamico und Parmesan hinzufügen und alles 5 Minuten köcheln lassen.
3. Leicht mit Salz und Pfeffer würzen und mit dem Stabmixer pürieren.
4. Durch ein feines Sieb passieren.
5. Crème fraîche einrühren und gegebenenfalls mit mehr Salz und braunem Zucker abschmecken.

Gegrillter Salat

Gegrillter Salat klingt erst mal reichlich unspektakulär, hat es geschmacklich aber mehr als in sich. Jede Menge Röstaromen, fruchtige Zitrone und buttrig-feine Heidelbeeren in aromatischem Dressing haben schließlich nicht umsonst schon die größten Salat-Muffel eines Besseren belehrt.

Gesamtzeit	Davon aktiv	Ergibt
20 Minuten	20 Minuten	4 Portionen

Zutaten

Für den gegrillten Salat:
- 2 Stk Romana-Salat bzw. Salatherzen
- Olivenöl zum Anbraten
- ein paar Scheiben fein aufgeschnittener Lardo
- 1 unbehandelte Zitrone
- optional: hauchdünn geschnittener Lardo zum Toppen

Für das Dressing:
- 1 Zitrone (Saft)
- 1 TL Dijonsenf
- 4 EL Olivenöl
- 4 EL Weißweinessig
- 1 TL Honig
- 1 Prise Salz
- 1 Prise Pfeffer

Für die Butter-Heidelbeeren:
- 1 Handvoll frische Heidelbeeren
- 1 TL Zucker
- 1 EL Butter
- etwas Salz

Zubereitung

1. Für das Dressing alle Zutaten in ein verschraubbares Glas geben und fest schütteln. Gegebenenfalls mit mehr Salz und Pfeffer abschmecken.
2. Für den Salat die Salatherzen bzw. den Romana-Salat der Länge nach halbieren.
3. Das Olivenöl bei mittlerer bis hoher Temperatur in einer Pfanne erhitzen und den Salat auf der Schnittseite 2–3 Minuten grillen bzw. rösten, bis der Salat dunkle Stellen aufweist.
4. Die Pfanne kurz mit Küchenpapier auswischen.
5. Die unbehandelte Zitrone waschen, trocken reiben und in 5 mm dicke Scheiben schneiden.
6. Ohne Öl beidseitig 2–3 Minuten in der Pfanne rösten und zur Seite legen.
7. Die Temperatur etwas reduzieren und die Butter in der Pfanne aufschäumen lassen.
8. Zucker einstreuen und leicht karamellisieren lassen.
9. Die Heidelbeeren hinzufügen und kurz durchschwenken, bis sie schön dunkel und rundherum glänzend sind. Achtung: Sie sollten dabei nicht gleich aufplatzen!
10. Mit einer leichten Prise Salz würzen, noch einmal durchschwenken und aus der Pfanne nehmen.
11. Salat mit der gerösteten Schnittseite nach oben anrichten und das Dressing darüberträufeln – so läuft es perfekt zwischen die knackigen Blätter.
12. Mit den Butter-Heidelbeeren und fein geschnittenem Lardo garnieren.
13. Die gerösteten Zitronenscheiben über den Salat träufeln und eine Scheibe zum Garnieren verwenden.
14. Mit dem perfekten Steak (s. S. 74), Nussbutter-Mayo (s. S. 53), Kimchi (s. S. 48) und evtl. etwas hauchdünn geschnittenem Lardo servieren.

ME
HR

Must-haves & Begrifflichkeiten

Wir verbringen einen Großteil unserer Zeit in der Küche – sei es zum Kochen, Essen oder einfach nur zum Plaudern mit Freunden und Familie. Eine gut ausgestattete Küche ist ein wichtiger Bestandteil eines Haushalts. Die sorgfältige Auswahl verschiedenster Küchengeräte und -utensilien erleichtert den Alltag und verbessert das Kocherlebnis um ein Vielfaches. In diesem Kapitel finden sich deshalb sämtliche Tools, die mir bereits seit vielen Jahren hervorragende Dienste geleistet haben und die das Nachkochen meiner Rezepte wesentlich erleichtern.

Um auch all meinen deutschen Freunden ein bestmögliches Lese- und Kocherlebnis zu garantieren, habe ich mich außerdem dazu entschieden, dieses Buch um ein paar Vokabeln zu ergänzen. Nicht ganz so sexy wie H.C. Artmann das hingekriegt hätte, aber wir wollen die Kirche mal im Dorf lassen.

ZUM VERSTÄNDNIS

Begrifflichkeiten

Ich rede, wie mir der Schnabel gewachsen ist. Immer schon. Folgende Begriffe bedürfen deshalb mit hoher Wahrscheinlichkeit einer Übersetzung.

Österreichisch	**Deutsch**
a bisserl	ein wenig, ein bisschen
Betthupferl	kleine Süßigkeiten vor dem Zubettgehen
Dotter	Eigelb
driwastrahn	bestreuen, „als Ergänzung/Draufgabe"
eh kloa	ohnehin, sowieso
Eierspeis	Rührei
Eiklar	Eiweiß
einelegn	hineinlegen
Essiggurkerl	Gewürzgurken
Faschiertes	Hackfleisch
Germ	Hefe
gmiadlich	gemütlich, entspannt
Hendl	Hühnchen
hinteres Ausgelöstes	Rindernacken, Hals
Kernöl	Kürbiskernöl
Kren	Meerrettich
Leberkäs'	Fleischkäse
Moihzeit	Mahlzeit, guten Appetit
owekumman	runterkommen, beruhigen, entspannen
Panier	Panade
Paradeiser	Tomaten
Rexglas	Einmachglas der Marke Rex, Synonym für Einmachgläser
Schlagobers	Sahne
Staubzucker	Puderzucker
übalebn	überleben
zach	zäh, mühsam

BEGRIFFLICHKEITEN

MUST-HAVES

Zum Backen

- Gärkörbchen
- Rasiermesser zum Einschneiden des Brotteigs
- 1 Glas mit Deckel für den Sauerteig
- Teigkarte
- Duschhaube zum Bedecken des Gärkörbchens
- Dessertring (8–10 cm Durchmesser)
- 1 Gusseisentopf zum Backen von Brot ca. 26 cm Durchmesser
- Pizzastein oder Backstahl
- Infrarot- oder Stechthermometer
- Küchenmaschine mit Knethaken und Rühraufsatz
- Kastenform (19 × 11 × 11)
- Springform (18 cm Durchmesser)
- Teigschüssel mit Deckel

Allgemeine Küchen-Tools

- 1 scharfes Kochmesser und 2 Schneidebretter (groß + klein)
- 2 Pfannen
- 1 Set Kochtöpfe
- Pfannenwender
- Zitronenpresse
- Microplane-Reiben für Parmesan, Zitruszesten, Ingwer, Knoblauch, Muskat, usw.
- Kochlöffel
- Schraubgläser für Dressings und Pickles
- Stabmixer
- feines Sieb
- Schaumkelle
- Zitronenpresse
- Bügel-, Rex- oder Schraubglas (1–2 Liter Volumen) – für den Kimchi

Fancy Tools für dieses Buch

- Sous-vide-Stick
- Räucherchips
- Cocktailshaker oder verschließbares Gefäß (z. B. Schraubglas mit mindestens 500 ml Volumen)
- Zip-Beutel bzw. Druckverschluss-Beutel für den Sous-vide (Alternativ: Vakuumierer und Vakuumbeutel)
- Waffeleisen

Mehr is' mehr

- Fleischwolf (alternativ beim Fleischer faschieren lassen)
- Käseschneider mit Draht (alternativ Käsehobel oder einfach ein Messer)
- Passiertücher (alternativ feines Sieb oder Geschirrtuch)

PHILOSOPHIE

Saisonal

Saisonale Lebensmittel werden erst dann geerntet, wenn sie wirklich reif sind. Das bedeutet maximalen Geschmack bei geringerem CO_2-Fußabdruck. Außerdem unterstützt man so ganz nebenbei die lokale Wirtschaft und Landwirtschaft. Drei Fliegen mit einer Klappe.

Regional

Frische und reife Produkte aus der Region haben keinen langen Transportweg hinter sich, knallen geschmacklich einfach anders und sind nicht zuletzt auch Ausdruck der hiesigen Kultur. Außerdem steckt hinter jedem Lebensmittel ein Produzent. Ein Mensch mit einer ganz persönlichen Geschichte, die ich keinesfalls verpassen möchte. Wer die Hand schüttelt, die ihn füttert, weiß wo's herkommt, wo die Reise hingeht und freut sich im besten Fall über einen neuen Freund. Von denen kann man schließlich nie genug haben. Mehr is' mehr.

ABOUT

GERHARD DRAGSCHITZ

Gerhard ist mit fast 500.000 Followern auf sozialen Netzwerken einer der erfolgreichsten Food-Blogger Österreichs. Den Fokus stets aufs Wesentliche – den Geschmack – gerichtet, kredenzt der reisefreudige, burgenländische Wahlsteirer mit Gerichten wie Banh Mi, New Yorker Pastrami oder Belgischen Waffeln seiner ansehnlichen Community seit 2015 ausgeklügelte Variationen unterschiedlichster Gerichte aus aller Welt.

www.motioncooking.com

KATHARINA KOVACS

Katharina fotografiert, schreibt und konzeptioniert sich mit Hingabe, Neugier und einem besonderen Blick fürs Wesentliche durch digitale und analoge Welten. Ihr natürlicher und ästhetischer Anspruch sowie jede Menge Leidenschaft und kompromisslose Liebe zum Detail garantieren bestmögliche Ergebnisse, die raffiniert den jeweiligen Zeitgeist widerspiegeln und nicht nur optisch nachhaltig Eindruck hinterlassen.

www.katharina-kovacs.at

DANKE

Dieses Buch ist mir seit jeher eine Herzensangelegenheit und eine Umsetzung wäre ohne den endlosen Geduldsfaden meiner umwerfenden Frau Iris nie möglich gewesen. Ein großes Danke gilt auch meinen verlässlichen Partnern, die mittlerweile zu wahren Freunden geworden sind. Liebe Kathi, lieber Wink – besten Dank für euren steten und unermüdlichen Einsatz, egal unter welchen Bedingungen. Lieber Werner, danke für deine – ohnehin schon sehr knappe – Zeit, deine Großzügigkeit und deinen ehrlichen Enthusiasmus für meine Arbeit – er hat ihr ein weiteres Mal Flügel verliehen. Mama und Oma: Danke für eure Leidenschaft und euer Können und dass ihr nie müde geworden seid, mir mit Rat und Tat zur Seite zu stehen. Ohne euch wäre ich heute nicht, wer ich bin.

www.groebl.com

www.obendrein.at

www.messerschmiede-hangler.at

www.mosshammer.at

www.soyandsoul.com

www.tomshotstuff.at

www.wohnpark-goesting.at

Hilfreiche Links

Noch immer nicht satt? Dann empfehle ich weiterführende Links zu unterschiedlichsten Tipps, Methoden und Videos zur Veranschaulichung:

Baguette (für Banh Mi)

www.motioncooking.com/rezept/baguette-selber-machen-fuer-banh-mi

Eingekochte Paradeiser

www.motioncooking.com/rezept/tomaten-einkochen-geroestete-passata

Hausgemachtes Brot

www.motioncooking.com/sauerteigbrot-rezept-brot-selber-machen

Hausgemachter Garnelenfond

www.motioncooking.com/rezept/garnelenfond

Hausgemachte Mayo

www.motioncooking.com/rezept/mayonnaise-selbstgemacht

Perfekte Pizza

www.motioncooking.com/so-machst-du-die-perfekte-pizza

Perfekt pochiertes Ei

www.motioncooking.com/rezept/perfekt-pochiertes-ei